Ralph Gravenstein

# Der kleine Katzenfreund

Ralph Gravenstein

# Der kleine Katzenfreund

Ein satirisches Sachbuch

Bibliografische Information der Deutschen Nationalbibliothek:

Die Deutsche Nationalbibliothek verzeichnet diese
Publikation in der Deutschen Nationalbibliografie;
detaillierte bibliografische Daten sind im Internet
über http://dnb.dnb.de abrufbar.

Die automatisierte Analyse des Werkes, um daraus
Informationen insbesondere über Muster, Trends
und Korrelationen gemäß §44b UrhG („Text und
Data Mining") zu gewinnen, ist untersagt.

1. Auflage



Verlag: BoD · Books on Demand GmbH, In de Tar-
pen 42, 22848 Norderstedt

Druck: Libri Plureos GmbH, Friedensallee 273, 22763
Hamburg

ISBN: 978-3-7597-7683-9

# Inhaltsverzeichnis


Widmung ........................................................ 7

Vorwort ........................................................ 9

Die Protagonisten ........................................ 11

Wohnen für Katzenfreunde - Wir Heimwerken ...... 14

Veterinärmedizin für  Katzenfreunde - Wir gehen
zum Tierarzt ................................................ 22

   1. Die Katzenbox ...................................... 23

   2. Das Einfangen .................................... 23

   3. Geeignete Kleidung ............................ 24

   4. Das Einpacken .................................. 26

   5. Katzen-Tetris .................................... 27

      Die Andreaskreuzmethode ................ 27

      Die Kugelfischmethode .................... 28

      Die Tintenfisch-Methode .................. 28

      Die „geölter Blitz"-Methode .............. 29

   Die Fahrt zum Tierarzt ........................ 29

   Das Wartezimmer ................................ 30

   Das Untersuchungszimmer .................... 31

   Heimfahrt .......................................... 32

   Endlich zu Hause ................................ 33

Logistik für Katzenfreunde - Ein Paket kommt an 35

    Das Klebeband ....................................................36

    Der Karton .........................................................37

    Polstermaterial ...................................................38

    Entsorgung von Karton und Polstermaterial.......40

    Das Fazit ...........................................................41

Veterinärmedizin für Katzenfreunde - Wie
verabreiche ich Augentropfen ...................................44

    Die Vorbereitung ...............................................44

    Das Applizieren .................................................45

    Nochmal ............................................................45

    Jetzt aber ...........................................................46

    Verd ..................................................................47

    Tropf-Tropf.........................................................47

Rätselspass für Katzenfreunde - Wattestäbchen-
Mathematik .............................................................49

Sozialleben für Katzenfreunde - Wir pflegen
Freundschaften .........................................................52

    Wir bleiben über Nacht aus.................................53

    Wir bekommen Besuch........................................57

        Typ „Nutte":.................................................61

Typ „Explorer": ..................................................... 62

Typ „Guerilla": ..................................................... 63

Wieder alleine ..................................................... 66

Sozialleben für Katzenfreunde - Wir haben Sex ...... 69

Das Fazit ..................................................... 78

Logistik für Katzenfreunde - Wir ziehen um ........... 79

Die Wohnungssuche ..................................................... 79

Wir packen ..................................................... 82

Katzen und der Umzugstag ..................................... 84

Die Katzen ziehen selbst um ..................................... 86

Abschied nehmen für Katzenfreunde - Mach's gut,
kleine Mimi ..................................................... 90

# WIDMUNG

Danke an die vielen Freunde, die vor Veröffentlichung dieses Buchs die ersten unausgereiften Kostproben gelesen und mich ermutigt haben, weiterzuschreiben.

Danke möchte ich auch all jenen, die mich nach einer Schreibpause von rund drei Jahren (nach privaten Ereignissen, die das Weiterschreiben erst einmal unmöglich gemacht haben) zur Wiederaufnahme dieses kleinen Projekts ermuntert haben.

Mein größter Dank gilt jedoch meinen vierbeinigen Mitbewohnern, die mir seit Jahrzehnten nicht nur drollige, sondern auch liebevolle und treue Freunde waren und sind.

Danke also an Schnuffi, Motz, Miez, Felix, Mimimi, Tobi, Bonnie, Pepe, Freddy, Frollein, Mariechen und Kati.

Das hier ist für Euch.

## VORWORT

NOCH ein Buch über Katzen? Na klar doch!
Denn Katzen sind weit mehr als nur einfache
Haustiere: Sie sind die Herrscher in ihrem klei-
nen Reich und natürlich auch über ihre

„Besitzer" - generell gilt es ohnehin mit dem
Vorurteil aufzuräumen, man könne eine Katze
besitzen. Wieso diese Besitz-Annahme und vieles andere, was wir über Katzen zu wissen glau-
ben völliger Blödsinn sein muss, das beschreibt
„Der kleine Katzenfreund" an vielen prakti-
schen Beispielen.

Mehr oder minder machtlos gegenüber dem
Charme seiner „Herrschaften" (Hunde haben
Herrchen, Katzen Personal) wird geschildert,
welche Dinge des Alltags plötzlich gar nicht
mehr so sind, wie sie ohne Katze wären.

Aus der Perspektive des klar Unterlegenen in
einem mehrköpfigen Haushalt geht es einmal

quer durch viele Lebenslagen, und das mit gehörigem Augenzwinkern.

Gehen Sie also mit mir auf eine bunte Reise durch viele so noch nie berichtete, aber anderen „Katzensklaven" wohl sicher bekannten Situationen, gespickt mit zahlreichen, nicht immer ernst gemeinten Ratschlägen, wie Sie sich als Katzenpersonal das Leben vielleicht etwas erleichtern können.

Oder auch nicht.

Dieses Buch beschreibt auf humorvolle Art, wie bunt und interessant das Leben mit Katzen - zunächst nur in Wohnungshaltung, dann auch im Freigang - bisweilen ist. Vieles ist satirisch überspitzt, doch der Kern der Wahrheit ist für all jene unschwer zu erkennen, die selbst schon einmal mit Katzen in ihrem Alltag zu tun hatten.

Lassen Sie sich deshalb nicht täuschen: Auch wenn sich manches Kapitel so liest, als wären die felinen Mitgeschöpfe eine rechte Plage: Sie sind es nicht. Im Gegenteil. Zumindest aus meiner Sicht sind sie wundervolle Geschöpfe, mit denen zu leben es sich unbedingt lohnt - auf ganz eigene Weise.

Auf den folgenden Seiten werden Sie die Abenteuer von gleich vier Katzen ganz gewöhnlicher Bauart miterleben: Alle sind mehr oder weniger normale Hauskatzen der kunterbunten Rasse „Europäisch Kurzhaar", wobei man das mit den kurzen Haaren nicht immer allzu wörtlich nehmen sollte.

Katze BONNIE ist zum Beispiel von ihrem Katervater mit einem durchaus langen und eleganten Fell gesegnet worden: Ihr buschiger Schwanz lässt sie bisweilen wie ein Eichhörnchen aussehen, macht sie aber insgesamt zu einer sehr divenhaften Erscheinung.

Bonnie kam im Alter von 16 Monaten ins Team und erhielt ihren Namen dort zu Recht: Sie ist eine Katze mit erstaunlich hoher krimineller Energie. Die Namenswahl ist also kein Zufall (man denke nur an das berühmte Verbrecherduo „Bonnie & Clyde"), und diese kleine Diva pflegt - ganz launische Lady - zahlreiche Marotten und Sturheiten, die den Alltag ihres menschlichen Sklaven abwechslungsreich halten.

Bonnies Schwester MIMIMI (Rufname MIMI) kam im gleichen Alter und mit identischem Transport in die Mannschaft - dennoch ist sie charakterlich das krasse Gegenteil ihrer lebhaften Schwester. Mimi gefällt sich in der Rolle des enormen Angsthasen: Ihr Name ist aus den Lautäußerungen einer Figur der beliebten TV-Serie „Muppetshow" abgeleitet: Ein zu Recht ängstlicher Laborassistent namens Beeker gab lediglich eine lange angstvolle Folge von „Mimimi"-Lauten von sich, wenn wieder einmal eine Detonation im Dienste der Wissenschaft seines Chefs Dr. Honigtau Bunsenbrenner anstand.

Entsprechend besorgt und vorsichtig schaut und agiert denn auch unsere Mimi, die permanent Nervositätsanfälle bekommt, wenn man sie streicheln möchte, sich aber durch intensives Knurren auch bei ihren Mitkatzen Respekt zu verschaffen weiß.

TOBI, Senior der Truppe, kam aus reiner Wohnungshaltung in den Haushalt und war immer schon der Größte - zumindest hinsichtlich des Körperbaus. Mit rund 6,5 Kilogramm macht er ganz schön was her, weiß aber seine schiere Masse und Kraft nur selten als Dominanz-Instrument einzusetzen und kneift im entscheidenden Moment lieber aus.

Das weiß sich der schwarze Jungkater PEPE zunutze zu machen und arbeitet seine jugendliche Keckheit gerne an dem deutlich größeren Altkater ab. Pepe kam mit knapp 5 Monaten in die Truppe und prägt seither das Geschehen deutlich mit.

Das lässige Schlendern durch ein aufregungsfreies Leben, so wie es Tobi gerne pflegt, ist dem quecksilbrigen Bürschchen völlig fremd. Pepe kennt nur Vollgas oder Schlaf, und mit zunehmendem Alter werden die Schlafphasen wider Erwarten leider nicht länger. In seiner Wachzeit treibt er entsprechend gerne Schabernack mit seinen Mitkatzen und dem Personal, wovon im Anschluss noch ausführlicher die Rede sein wird.

Begleiten Sie nun also auf den folgenden Seiten und in mehreren Kapiteln diese bunte Truppe durch mehrere Stationen ihres Lebens anhand von beispielhaften Episoden aus dem Alltag eines Katzenhaushalts.

# WOHNEN FÜR KATZEN-FREUNDE - WIR HEIMWERKEN

Zunächst muss einmal mit einem Irrglauben aufgeräumt werden: Nicht Katzen leben bei ihren Dosenöffnern, sondern es verhält sich genau umgekehrt. Wer einmal den „Ja und?"-Blick einer Katze gesehen hat, wenn man feststellt, dass diese auf dem Menschen-Stammplatz auf der Couch liegt, wird verstehen was ich meine.

So ist es auch nur angemessen, wenn wir unserer felligen Herrschaft mit kurzweiligen Einrichtungen über mögliche Phasen der Langeweile hinweghelfen. Besonders wichtig ist das natürlich vor allem in der kalten Jahreszeit, wenn meine Nicht-Freigänger auf Grund unzumutbarer Außentemperaturen (also 15 Grad Celsius und darunter) oder Wetterverhältnisse (Regen) den Tag in der Wohnung verbringen.

Unverzichtbares Utensil ist für jeden Katzenfreund nicht etwa der Kratzbaum, sondern ein weich gepolstertes Bett oder zumindest eine entsprechende Couch. Kratzbäume sind zum Klettern da, vielleicht auch noch zum Krallen schärfen. Aber die weich gepolsterten Klüfte eines Betts sind idealer Tummelplatz, wenn man sich zum Raufen oder Zerlegen eines Spielzeugs aufmacht, und auch zum Schlafen sind solche Plätze nicht zu verachten. Letzteres finden auch wir als Katzenpersonal und greifen deshalb zu subtilen Maßnahmen, um den vierbeinigen Herrschaften auch andere Gegenden der Wohnung schmackhaft zu machen.

Zum Beispiel die oberen Enden von Bücherregalen. Ikea-Kunden wissen: „Billy" bringt es auf 2,01 Meter Höhe ab Boden - die Zimmerdecke liegt für gewöhnlich gut 35 Zentimeter höher, was Platz genug für einen pirschenden Stubentiger lassen würde. Wir freuen uns über diese Erkenntnis, denn auch eine Standard-Kuschelhöhle für normal große Katzen füllt den Luftraum über Billy hervorragend aus und bietet zudem eine herrliche Rundumsicht auf das Geschehen im Raum - eine Aussicht, der keine Katze widerstehen kann.

Wir machen uns also ans Werk und fixieren zunächst an der Wand höher führende Bretter in

Schrittweite zum deckenhohen Kratzbaum: Der ist während der Arbeiten baumpilzartig von den Katzen besetzt, die natürlich mit langen Hälsen und Pfoten unbedingt inspizieren möchten, ob man auch ordentlich Dübel setzt, Regalwinkel anbringt und ein solides Brett daran verschraubt. In Sachen Bauholz sind Katzen wahre Experten und haben den Spruch geprägt „Trau keiner Latte unter 20 Millimetern Dicke".

Flucht ist nur kurzzeitig dann angesagt, wenn die Schlagbohrmaschine kreischend ins Mauerwerk vordringt, um Dübellöcher anzubringen. Umso schöner und gleichmäßiger verteilt sich der Bohrstaub dafür durch die Wohnung sowie über die Möbel, die bei der Flucht vor dem Lärm im Sprung genommen worden sind.

Kaum ist ein Brett installiert, wird die neue Aussicht schon einmal getestet und bei dieser Gelegenheit auch gleich etwas Werkzeug versteckt: Katzen sehen sich verpflichtet, ihrem Personal Aufgaben zu stellen. Und „Werkzeug suchen lassen" steht ganz oben auf der Hitliste der Beschäftigungstherapien fürs Personal.

Im Laufe einer etwa dreistündigen Bauaktion muss man etwa bei unachtsamer Ablage mit dem Verlust eines kompletten Steckbit-Satzes rechnen, der Stück für Stück und unauffindbar unter Möbel gekickt oder in geheime Verstecke verschleppt wird. Der kluge Heimwerker sorgt also vor und sortiert Steckbits, Bohrer, nicht verwendete Schrauben und Dübel und anderes Baumaterial unverzüglich nach Gebrauch wieder ein, um sie später auch wieder benutzen zu können. Oder man hält ausreichend Ersatzwerkzeug bereit. Andernfalls darf man sich auf ein unverhofftes Wiedersehen mit längst verloren geglaubten Eisenwaren beim nächsten Frühjahrsputz mit „unter dem Schrank saugen" freuen. Oder beim nächsten Umzug plötzlich einen überraschenden Werkzeugüberschuss registrieren.

Mittlerweile haben die Baumaßnahmen zur Schaffung eines Aufstiegs trotz aller Widrigkeiten („Bonnie, wo ist der Schraubenzieher?" - „Was weiß denn ich? Ich bin zwar Gott, aber woher soll ich wissen, wohin ich Deine Sachen geschleppt habe?!") die erforderliche Zimmerhöhe erreicht und wir schlagen eine Stahlseil-getragene Brücke hinüber auf das obere Regal-Ende. Durch Fixieren des sonst schwankenden Stegs mit Schrauben an Regal und gegenüberliegendem Wandbrett ist Wackelgefahr ausgeschlossen, Schlafkörbe werden an passenden Stellen befestigt und ausgepolstert. Wir räumen die wenigen noch verbliebenen Werkzeuge und

Hilfsmaterialien weg („Das war doch mal eine volle Schachtel Dübel? So viele kann ich unmöglich verbaut haben!") und bereiten nun die Herrschaften auf die Einweihung der neuen Spaßanlage vor, die sie ja von der intensiven Nutzung von Bett und Couch ablenken soll. Denken wir zumindest.

Wir lassen den Blick suchend in die Runde schweifen und sehen: Weit und breit keine Katze. Ein Rundgang durch die Wohnung zeigt dann schnell: Die Herrschaften sind erschöpft vom Zusehen bei den Handwerksarbeiten und obendrein völlig ermattet von der anstrengenden Verschleppung mittlerweile zahlreich vermisster Dübel. Kurz und gut: In trauter Viersamkeit liegt man auf dem Bett darnieder und schläft den Schlaf der Gerechten. Jedenfalls halten sich die Katzen zweifellos für solche. Etwas resigniert ob der geringen Resonanz auf die abgeschlossenen Bauarbeiten ziehen wir uns leise zurück - den Schlaf einer Katze soll man nur im Notfall unterbrechen. Und wenn, dann nur mit erfreulichen Nachrichten, die unmittelbar verstanden werden. Etwa indem man mit der Leckerlitüte raschelt.

Es gibt Signale, die eine Katze auch aus tiefstem Schlummer urplötzlich in völlige Wachheit zu rufen vermögen. Eins davon ist der verstohlene Versuch, sich als Katzenpersonal unbemerkt an Dingen wie Wurst aus dem Kühlschrank, Joghurt oder ähnlichem zu schaffen zu machen. In der Regel genügt bereits ein Gedanke wie „Jetzt hätte ich Lust auf ein Brot mit schönem Schinken", um mindestens eine der Katzen vom hintersten Winkel der Wohnung zielstrebig in die Küche eilen zu lassen. Sie hören uns Sklaven denken.

Schon alleine deshalb ist eine heimliche Nahrungsmitteleinnahme quasi unmöglich. In diesem speziellen Fall locken wir jedoch mit artgerechteren Spezialitäten - im Tierfachhandel haben wir unlängst getrocknete Fleischstreifen erstanden, eine Droge, auf die Katzen mit teilweiser Unzurechnungsfähigkeit und heftigem „Haben will!" reagieren. Das charakteristische Knistern der Klarsichtfolie um die Streifen ruft innerhalb von zehn Sekunden auch die lahmste Katzenente auf den Plan bzw. den Küchenfußboden der Tatsachen.

Wir wähnen uns nun auf der Siegerstraße bei der Mission „ich locke eine Katze in die luftigen Höhen der neuen Spaßanlage": Zunächst wird mit kleinen Leckerlistücken angefüttert - um einen herum wuselt und miaut es, als hätten die armen Tiere seit Tagen außer Schlägen nichts zu verdauen bekommen. Die Kämpfe um die einzelnen Stückchen drohen erbittert zu werden, deshalb platzieren wir Stückchen für Stückchen weiter in Richtung Klettervorrichtung.

Doch da haben wir die Rechnung ohne die Herrschaften gemacht: Die sehen nämlich gar nicht ein, etwas für ihr Essen tun zu müssen - am Ende sogar klettern. Oben auf Kratzbaum oder gar Kletterbrettern abgelegte Leckerlis werden ignoriert, mit Nichtachtung gestraft - eben ging es doch auch noch bis zum Boden, lieber Sklave, also lass den Quatsch und rück' die Dinger so raus! Schließlich setzt beim Personal doch eine gewisse Hartherzigkeit ein: Wer etwas haben will, muss sich bitte nach oben bemühen.

Einer fasst sich dann meist doch ein Herz und steigt den Leckerlis nach, lockt so aber keineswegs die anderen mit in die Höhe. Die setzen zu Recht auf die mitunter erstaunliche Ungeschicklichkeit ihrer Mitkatze und warten einfach unten, bis das, was der Genosse oben nicht richtig zu packen bekommt, nach unten purzelt.

Das geht so lange, bis alle keine Lust mehr haben. Der Aufstieg der ersten und bislang einzigen Katze endete auf halber Kletterhöhe, von Eroberung der neuen Möglichkeiten wie Quersteg und Schlafhöhlen auf dem Regal ist keine Rede gewesen. Die Katzen lecken sich lieber am Boden die kugelrunden Bäuche und denken gar nicht daran, dieses neu erworbene Zusatzgewicht etwa auch noch zwei Höhenmeter nach oben zu bewegen. Immerhin, bis auf die Couch schaffen sie es dann doch noch.

Der Katzensklave ist nun doch leicht frustriert und sucht sich einen stillen Winkel, um die nun doch schmerzenden Knochen auszuruhen. Erst Stunden später erntet er dann die Früchte seiner Arbeit. Etwa indem er beim Vorbeigehen an dem obenherum bekorbten Billy-Regal plötzlich einen wohlgezielten Tatzenhieb auf den Kopf versetzt bekommt: Einer der vier Herrschaften hat den Vorreiter gemacht und mittlerweile sind alle Plätze da oben belegt.

Der Applaus ist des Künstlers Lohn, der Tatzenhieb in die Kopfschwarte der des Heimwerkers: Glücklich schreitet er ins Badezimmer an den Medizinschrank und verdrückt beim Verarzten des eben entstandenen, tiefen und blutenden Kratzers ein Freudentränchen - ganz umsonst war die viele Arbeit also doch nicht ...

VETERINÄRMEDIZIN FÜR
KATZENFREUNDE - WIR GE-
HEN ZUM TIERARZT

Auch wenn Katzen angeblich neun Leben haben: Man könnte manchmal meinen, dass sie damit recht schlampig umgehen. Auf gut Deutsch: Irgendeiner hat immer was. Ob es nun Grabbel in den Ohren, verstauchte Pfoten, eine Rotznase oder Dünnpfiff ist: Der Tierarzt freut sich regelmäßig und oft, mich zu sehen. Der meine Herrschaften versorgende Veterinär hat sich erst unlängst einen neuen Range Rover gekauft, und ich habe den starken Verdacht, dass ich zumindest die schicken Alufelgen an dem Ding bezahlt habe. Und das Gerät ist achtfach bereift.

Um wenigstens die Besuche beim Tierarzt so stressfrei wie möglich zu halten (wenn es schon nicht das Öffnen seiner Rechnungen ist), gibt es im folgenden einige Tipps, wie man es richtig macht. Oder auch nicht:

## 1. Die Katzenbox

Die Katzenbox ist ein Gerät mit Signalwirkung für jede Katze: Sobald dieses Transportgefäß aus dem Winkel geholt wird, machen sich Nervosität, Misstrauen und Skepsis gegenüber dem Katzenpersonal breit. Daher ist es angeraten, die Box nie unmittelbar vor dem geplanten Tierarztbesuch auszupacken: Es sei denn, man will den Effekt erzielen, dass plötzlich alle vier Katzen in der eher kleinen Wohnung auf einen Schlag unauffindbar sind.

Ich empfehle daher ein demonstratives Aufstellen der Box - mindestens 3 Stunden vor dem Besuchstermin. Mit der Zeit legt sich die Furcht der Miezen, Gewöhnung und die Überzeugung „wird schon nicht mich treffen" schleichen sich ein, kurz: Die Lage normalisiert sich erst einmal.

## 2. Das Einfangen

Rückt der Termin näher, sollte man allmählich taktische Vorbereitungen für das Verstauen der fraglichen Katze treffen. Wichtig ist dabei, ausreichend Zeit einzuplanen: Mein Tierarzt praktiziert etwa 10 Autominuten von mir entfernt. Ich beginne also mindestens eine halbe

Stunde vorher mit dem Einfangen, um pünktlich vor Ort zu sein.

Zunächst gilt es, unauffällig Fluchtwege zu versperren: Wir orten heimlich die fragliche Katze (Obacht: nicht hingucken! Das merkt die.) und schließen Zimmertüren, Katzenklappen ins Freie und Schränke, verlegen die Zugänge unters Bett und unters Sofa. Sie haben keine geeigneten Barrieren? Sprechen sie mit dem Schreiner ihres Vertrauens! Schon für wenig Geld bekommt man aus Holzresten feine Barrikaden gezimmert, die sich platzsparend verstauen lassen. Das Dumme an den Dingern ist nur, dass sie wieder Verdacht erregen können - im Zweifel also die Barrikaden bereits gemeinsam mit der Katzenbox aufbauen. Um den Verdacht, dass irgendwann das Einfangen ansteht, kommt man sowieso nicht herum.

## 3. Geeignete Kleidung

Sobald die Fluchtwege abgeschnitten sind, geht es nun ans Kassieren des Patienten. Beachten sie dabei: Katzen haben Krallen. Diese Erkenntnis durchzuckt den Katzensklaven zumeist erst dann, wenn sich das Tierchen fürchtet und bitte wieder vom Arm hinunter möchte. Zu diesem Zweck gibt es mit allen zur Verfügung stehenden Beinen furchtbar Gas und fährt die Krallen an den Pfoten aus, um besseren Grip zu haben bei der geplanten Beschleunigung. Menschliche Haut reagiert auf diese Beschleunigungsversuche im Allgemeinen mit Reißen - das sieht nicht schön aus und tut sogar gelegentlich ordentlich weh.

Nach dem ersten vergeblichen Fangversuch mit ungeeigneter Kleidung greifen wir deshalb zum bereitgehaltenen Tupfer, desinfizieren die Wunde und legen ein Pflaster an. Und schon kann es weitergehen (mittlerweile sind 10 Minuten vergangen, es wird also sowieso Zeit). Wir greifen wieder beherzt zu und haben diesmal die Katze erwischt. Ihre Strampeleien beeindrucken uns nicht: Die fünf Millimeter dicke Lederjacke hält ihren Beschleunigungsversuchen stand, und auch die dickledrigen Arbeitshandschuhe bewähren sich - zumindest in Sachen Kratzschutz.

Dumm nur, dass Katzen bekanntlich im Notfall ein ganzes Set von Zusatzgelenken haben. Außerdem haben sie offenbar die Fähigkeit, ihre Knochen auf Knopfdruck in eine Art Gallert zu verwandeln. Die Handschuhe helfen daher nur für einen Moment: Die Katze drückt ihren inneren Wabbelknopf und vermindert ihre Körperfestigkeit damit in Nullkommanix in jene einer gut durchweichten Qualle. Es glitscht, es klatscht, und kaum hat die Katze ihre alte Festigkeit am Boden wiedererlangt, gibt sie deutlich hörbar auf dem Parkett Vollgas. Katzenkrallen sind erstaunlich hart. Parkett ist das bisweilen nicht.

Planen sie also gelegentlich etwas Zeit für die Renovierung des Parketts ein.

### 4. Das Einpacken

Mittlerweile sind 15 Minuten verstrichen, wir müssen uns also sputen, um nicht unpünktlich beim Tierarzt einzutreffen. Unser kleiner Patient hält indes gar nichts von Pünktlichkeit. Dennoch nehmen wir nun einfach mal an, dass es gelungen ist, den Flüchtling in einen unausweichlichen Griff zu bekommen. Wir streben also freudestrahlend der Transportbox zu und setzen dazu an, den Patienten hinein zu bugsieren.

Kaum haben wir die Box erreicht, geben wir diesen Plan auch schon wieder auf, setzen die richtige Katze ab und entnehmen aus der Transportbox die falsche Katze, welche die Kiste zu ihrer neuen Schlafhöhle erkoren hat (das ist der Nachteil an der frühzeitigen Aufstellung). Das Resultat: Falsche Katze beleidigt, richtige Katze erneut auf der Flucht.

Wir haben aber nun bereits Übung und kassieren den Delinquenten blitzartig und mit Nachdruck wieder ein – laut geäußerte Ungehaltenheit des Katzenhalters schüchtert bisweilen die Patienten etwas ein und macht sie gefügiger. Theoretisch. Dass das in der Praxis nicht greift, zeigt sich beim Versuch, die Katze dann in die Box zu expedieren. Denn nun folgt:

## 5. Katzen-Tetris

Nur weil wir Katze und Box räumlich nahe beieinander haben, bedeutet das noch lange nicht, dass wir beide zu einer gelungenen Vereinigung bewegen können. Und der schwierigere Teil des Duos ist gewiss nicht die Box.

Denn Katzen haben eine Vielzahl von Methoden, sich auch in dieser vermeintlich finalen Stufe zu verweigern. Hier eine kleine, unvollständige Übersicht:

*Die Andreaskreuzmethode*

Die Katze wird in Richtung Transportbox-Öffnung geführt und fährt unmittelbar vor dem Einfädeln des Körpers in die Plastikhöhle alle Gliedmaßen auf Vollmast aus - ihre vier Beine beschreiben dabei ein weit gestrecktes „X" in der

Luft und vergrößern damit den vom Körper ein-
genommenen Raum dergestalt, dass ein Einführen der Katze in die Öffnung unmöglich wird.
Mit der Andreaskreuzmethode verwandt ist bei
großen Katzen ...

*Die* Kugelfischmethode

Hier bläht sich die Katze massiv auf und ver-
hindert so das Einführen in die Boxöffnung.
Diese Methode wird vor allem von meinem Kater Tobi - Spitzname „Tobelix" - bevorzugt. Ich
erwäge derzeit die Anschaffung eines Pferdean-
hängers, um dieses Problem langfristig in den
Griff zu bekommen.

*Die Tintenfisch-Methode*

Hier krallt sich die Katze an allem fest, was
außerhalb der Transportbox liegt. Während man
mit einer Hand die Katze festhält, versucht man
mit der anderen, eine festgekrallte Pfote zu lö-
sen. Entweder aus dem Gittertürchen, der Lederjacke oder dem eigenen Gesicht.
Sobald dies gelungen ist, löst man die mittlerweile andere, anderswo festgekrallte Pfote ab.
Und so weiter ...

Die Katze lässt sich zum Schein widerstandslos in die Öffnung einführen, vollzieht dann aber innerhalb der Box blitzartig eine 180-Grad-Wende und schießt an der nicht schnell genug geschlossenen Gittertür vorbei ins Freie.

Hier gehen wir dann wieder zurück zu Punkt 4.

## Die Fahrt zum Tierarzt

Es sind nun doch schon 29 Minuten verstrichen und wir haben Glück gehabt: Die richtige Katze sitzt in der Box, die Gittertür ist zu und wir haben die Kämpfermontur (Lederjacke, Handschuhe) abgelegt. Höchste Zeit, hurtig die Wohnung zu verlassen! Wir schnappen uns also die Box und durchschreiten endlich die Wohnungstür.

Nun ist es an der Zeit für die Katze, sich verbal zu beschweren. Das tut sie dann auch in allen zur Verfügung stehenden Tonlagen und Lautäußerungsvarianten, die eine Katze so drauf hat. Schließlich sollte die Nachbarschaft darüber informiert sein, welche Ungerechtigkeit sich hier abspielt. Wir lassen uns davon jedoch nicht beeindrucken, verstauen die plärrende Katze im Auto und fahren los.

Die Katze legt daraufhin Eskalationsstufe 2 ein und setzt zusätzlich zum atonalen Protest auch auf manuelle Demonstration ihres Unwillens: Die Pfote passt durch die Gittertür, also wollen wir den Fahrer auch mal tüchtig am Ärmel zupfen (sofern die Box auf dem Beifahrersitz festgeschnallt ist) oder wir verpassen der Rückbank ein neues Muster, indem wir den unter dem Polsterbezug liegenden Schaumstoff zum Vorschein holen.

**Das Wartezimmer**

Mit dem Eintreffen bei der Tierarztpraxis und dem Entladen der Box aus dem Fahrzeug verstummt die Katze schlagartig. Wir freuen uns über die ungewohnte Ruhe und streben motivierten Schritts in die Praxis, wo man uns informiert, dass wir leider zu spät sind (die zehn Minuten ... Pah) und nun noch etwas warten müssen. So setzen wir uns ins Wartezimmer.

In der Box herrscht unterdessen weiter Stille. Wir vergewissern uns, dass das Kätzchen nicht einem Infarkt erlegen ist oder gar doch noch durch eine uns unbekannte Geheimtür die Kiste verlassen hat: Katze drin und am Rausglotzen, alles gut. Wir halten ein kleines Schwätzchen mit den anderen Wartenden, die Stimmung ist gelöst, man vergleicht die beim Katze Einpacken erlittenen Wunden, tauscht Krankengeschichten und Anekdoten aus.

Der fellige Rambo sitzt unterdessen nun bereits seit zehn Minuten still in seinem Verlies und schweigt. Schließlich werden wir aufgerufen und betreten ...

## Das Untersuchungszimmer

Wir stellen die Transportbox auf den Untersuchungstisch, begrüßen die freundliche Tierärztin, die bei meinem gut verdienenden Veterinär hospitiert, und öffnen die Transportbox. Darin befindet sich in der hintersten Ecke etwas, was der zuvor eingepackten, recht großen Katze nur entfernt ähnelt.

Ein winziges Fellkügelchen hat sich dort zusammengerollt. Wir entnehmen die Kugel, stellen die Box weg und versuchen, die fellige Sache auf dem Tisch aufzudröseln, sodass die Ärztin per Stethoskop mit Herz und Eingeweiden telefonieren kann.

Während der Untersuchung drängt das vordere Ende der nun leidlich entfalteten

Katzenkugel gegen den Körper des Katzensklaven, der solidarisch streichelt und beruhigt. Nach fünf Minuten ist alles vorbei, die Katze wurde nur leicht in den Po gepikst und darf nun wieder eingeräumt werden.

Wir setzen also die Transportbox auf den Tisch, um die Katze einzu... - plötzlich befindet sich auf dem Untersuchungstisch ein Loch in der Luft: Die Katze ist mit Überlichtgeschwindigkeit in die Box geflitzt. Wenn sie könnte, würde sie auch noch mit einem lauten Knall deren Gittertür hinter sich zuwerfen. Wenn das nur zu Hause auch so fix gehen würde mit dem Einräumen in die Box ... Wir verabschieden uns von der freundlichen Tierärztin und machen uns auf zur

## Heimfahrt

Bei klugen, erfahrenen Katzen ist nun der Groschen gefallen: Wir fahren weg vom Tierarzt, also nach Hause. Dementsprechend herrscht paradiesische Ruhe im Transportbehälter. Ich hingegen habe in dieser Hinsicht leider eher dumme Katzen: Das Theater der Hinfahrt beginnt aufs Neue, diesmal sogar noch heftiger. Die Katze will damit mitteilen, dass sie unser Verhalten im Allgemeinen als Zumutung empfindet und es nun wirklich genug ist.

Wir lassen uns davon erneut nicht beeindrucken und lenken - nunmehr leicht erschöpft - das Fahrzeug nach Hause. Nicht zu ruppig um die Kurven bitte, sonst wird dem Kätzchen noch schlecht. Oder es macht unter sich. Katzen werfen im Auto gerne Ballast ab, egal in welche Richtung und aus welcher Körperöffnung. Diesmal geht jedoch alles gut und wir sind

**Endlich zu Hause**

Das Gejammer endet erneut schlagartig nach dem Verlassen des Fahrzeugs, wir steigen die Treppe hoch und treten durch die Wohnungstür, setzen die Transportbox auf den Flurfußboden, schließen die Wohnungs- und öffnen die Gittertür der Box. Die Katze hat mittlerweile die Wohnung wiedererkannt, verlässt gemessenen Schritts die Box und signalisiert mit jedem Härchen ihres Fells: „ich bin beleidigt. Fass mich nie wieder an und sprich nicht mit mir."

Wir ertragen diese ignorierende Haltung mit der gebotenen Unterwürfigkeit. Die Katze geht zunächst auf diesen, nun doch endlich überstandenen Schreck hin erst einmal einen Happen essen. Anschließend sucht sie - im weiten Bogen um den verräterischen Katzensklaven - einen sicheren Schlafplatz auf und erholt sich von den Strapazen.

Die Katze weiß: Wir werden uns ihre Zuneigung in den kommenden Tagen mühsam aufs Neue erarbeiten müssen. Oder zumindest in den nächsten fünfeinhalb Minuten.

# LOGISTIK FÜR KATZENFREUNDE - EIN PAKET KOMMT AN

Katzen lieben Abwechslung. Aber nur wenn es um Spielzeug geht. Beim Futter sind sie zum Beispiel sehr kritisch und haben beim Servieren nicht bevorzugter Varianten einen großen, bunten Strauß an Gesichtsausdrücken parat, die eindeutig verstehbar sind. Das Spektrum reicht von „Du erwartest doch nicht im Ernst, dass ich das esse?" bis hin zu „Wage es noch einmal, mir so etwas vorzusetzen, und du wirst die nächsten drei Monate in der rekonstruierenden Gesichtschirurgie verbringen. Und zwar nicht als Chirurg."

Spielzeug ist hingegen immer und in fast jeder Form willkommen - solange es kein für Katzen bestimmtes Spielzeug ist. Plüschmäuse, Klingelbällchen, Federtiere: Bei meiner Truppe hat bislang noch jeder auf solche Divertissements des Katzenlebens spezialisierte Hersteller kläglich versagt.

Nein, ungeschlagene Spitzenreiter in der Sparte „Katzenspielzeug-Lieferant" sind diverse Onlineshops, die auf mein Internetgeheiß hin Produkte in das Dörfchen liefern, in dem ich bei meinen Katzen wohnen darf. Denn die zur Lieferung unerlässlichen Verpackungen sind fraglos der Kracher unter den Katzen-Bespaßungen auf diesem Planeten.

Daher als kleine Information und Orientierung für Katzenfreunde hier eine kleine Übersicht über die Unterhaltungsmöglichkeiten, die ein gängiges Paket so zu bieten hat:

## Das Klebeband

Das Klebeband, das einen Karton zusammenhält, eignet sich wunderbar, um es unmittelbar nach Abstellen des Pakets auf Boden / Tisch / oberstem Bücherregalfach sorgsam abzuknibbeln. Die Fetzen trägt man dann entweder im Maul als Beute weg oder führt sie freihändig im Fell mit, sofern das Band nach dem Abknibbeln noch seine adhäsiven Eigenschaften aufweist.

Beliebte Bunkerorte für solche Beutestücke sind unter Betten und Sofas angesiedelt. Wer also einen Umzug plant und ggf. noch Klebeband braucht, um Kartons zu verschließen, wird hier sicher fündig werden. Womit wir schon bei der Nummer 2 wären:

## Der Karton

Kartons sind wie für Katzen geschaffen. Man kann hineinspringen und herausschauen, sich darin mit den Mitkatzen prügeln oder ein Mittagsschläfchen darin halten, und last but not least kann man sie zernagen und die Pappfetzen in der Wohnung herumspucken.

Mit der Besiedlung und Verarbeitung eines Kartons zu katzensabbrig-feuchtem Pappmaché kann bereits schon vor der Öffnung des Pakets begonnen werden: Kaum steht im Flur ein noch verschlossener Karton, sitzen - je nach Abmessungen - mindestens zwei Katzen auf ihm drauf und melden Besitzansprüche an. Die Szenerie erinnert bisweilen an das Geschehen 1969, als die Amerikaner nach der geglückten ersten Mondlandung ihr Banner auf dem Erdtrabanten aufpflanzten. Ich bin sehr froh, dass meine Katzen noch keine eigenen Wappen oder Landesfahnen führen und ihre Besitzansprüche auf eine Kiste daher nicht auf gleiche Weise geltend machen. Die schubsen sich nur gegenseitig runter.

Bisweilen jagen sie sich dann auch ein wenig durch die Wohnung und vergessen für einen

Moment die Kartonbesetzung, was Gelegenheit zur Öffnung des Pakets gibt. Bei diesem Vorgang kommt dann meist gleich Nummer drei zum Vorschein:

## Polstermaterial

„Wat dem een siin Uhl, is dem annern siin Nachtigall", sagt der norddeutsche Volksmund und meint damit dies: Für Katzen ist der Himmel mit Styroporchips befüllt - für deren Personal hingegen die Hölle. Wehe jenem also, dessen Lieferant auf dieses Polstermaterial setzt.

Denn kaum ist der Karton geöffnet, findet sich immer einer bereit, mit einem beherzten Sprung in das sich darin befindliche, weiß-flitternde Styroporreich einzutauchen und auf diese Weise nicht nur sich selbst eine Mordsgaudi zu bereiten, sondern auch den Mitkatzen, die einen Schritt langsamer waren und sich aber nun doch sehr über die umherfliegenden Schnipsel freuen, die im Umkreis von rund zwei Metern um den Karton herum zu Boden gehen.

Denn zunächst einmal kann man Styroporchips wunderbar schnappen und in den Klebebandbunker verschleppen. Man kann sie zudem mit der Pfote umherkicken und unter

Schränke und andere unzugängliche Orte treiben. Für später. Man weiß ja nie, wann wieder ein Paket eintreffen wird.

Zum anderen kann man sich aber mit Styroporchips auch wunderbar als Schneekatze verkleiden, ohne dabei wirklich frieren zu müssen. Man wälze sich einfach mit leicht statisch geladenem Fell auf den Dingern und beklebe sich auf diese Weise rundherum mit den köstlichen Flocken.

Sodann renne man im Schweinsgalopp los, weil einem die Dinger am Körper doch plötzlich unangenehm sind. Naturgemäß verlieren sich etliche der Chips im gestreckten Galopp wieder, so dass sich deren Streuradius von vormals zwei auf gut neun Meter vergrößert. Das Katzenpersonal ist entsprechend gut beraten, Staubsauger, Besen und Katzenbürste bereitzuhalten, wenn der Paketdienst läutet. In besonderen Glücksfällen ist das Paket jedoch nicht mit Styroporchips, sondern nur mit geknülltem Papier ausgepolstert. Das erleichtert die Entsorgung der aus der Kiste gestohlenen Materialien ungemein - sie fliegen nicht so weit und sind meist zu groß, um sie wirklich effektiv verstecken zu können. Zudem kleben sie nicht am Fell und bieten daher allenfalls als Raschelball Kurzweil.

Immerhin: Man kann sie in unbeobachtete Ecken verschleppen und dann, wenn sich der Katzenbedienstete schon lange wieder in Sicherheit wähnt, mit einem beherzten Sprung darauf herrlich zu so lautem Rascheln anregen, dass einem das Herz stehen bleiben möchte. Noch besser geht das mit diesen Luftpolsterkissen aus Plastik, die so schön poppen, wenn man hineinbeißt.

### Entsorgung von Karton und Polstermaterial

Hat sich die erste Aufregung um die Kiste erst einmal gelegt und ist das darin enthaltene Produkt ausgepackt und verstaut, steht die letzte und vielleicht größte Herausforderung an: Wir sammeln die Styroporchips mühsam zusammen und bugsieren sie in einen Abfallsack. Dabei sollte man jedoch tunlichst darauf achten, dass der Sack unzugänglich für Katzen bleibt. Denn was gibt es Schöneres als den gleichen Spaß mit den Flocken noch einmal zu haben, nur diesmal auch noch mit einem Raschelsack aus Plastik on top?

Keine zwei Stunden später ist es vollbracht und wir könnten nun eigentlich darangehen, den Karton zu zerkleinern, um ihn der

Wiederverwertung zuzuführen. Wenn er denn nicht gerade bewohnt wäre.

Ein Blick ins Innere der Kiste kann Herzen zum Schmelzen bringen: Inmitten eines Wusts aus Styroporresten, abgebissenen Kartonschnipseln und Klebeband blinzeln treue Augen nach oben und sagen „Lieber Sklave, lass mich hier noch ein Weilchen liegen, ich finde doch keinen besseren Platz zum Ruhen auf dieser Welt.“ (Wenn man von den zahllosen gepolsterten Körbchen, Plüschhöhlen und nicht zuletzt Kleider- schränken und Wäschekörben absieht, in denen die Herrschaften sonst ihre Häupter zur Ruhe betten).

Der Blinzeltrick funktioniert fast immer, und so hat ein durchschnittlich großer Karton dank dieser Inkartonisierung eine Verweildauer von gut und gerne drei Tagen, bevor das Interesse an ihm ermattet und er nun wirklich entsorgbar ist.

## Das Fazit

Onlineshopping und die zugehörige Logistik erfordert vom Katzenpersonal gute Nerven: Was man an Wegen und Zeit bei der Beschaffung via Internet spart, geht mehrfach für die oben beschriebenen Vorgänge wieder drauf. Wir lernen daraus:

- Plane deine Bestellungen sorgfältig und ordere im Idealfall alles bei einem Händler, der dann auch nur EIN Paket anliefert.

- Zeitversetzte Lieferungen sind eine echte Herausforderung. Eingedenk der erwähnten Drei-Tage-Inkartonisierungszeit können sich schnell mehrere Kisten mit Katzen befüllen und so lange Zeit besetzt und unverrückbar bleiben.

- An der Klärung der Frage, weshalb ein solcher Karton nach einigen Tagen dann plötzlich vollkommen uninteressant wird, beißen sich übrigens Wissenschaftler nach wie vor die Zähne aus.

- Betriebstaugliche Staubsauger sind ein unbedingtes Muss für jeden Katzensklaven, der beliefert wird.

- Katzensklaven sind im Grunde dusselig: Statt für Tierarztbesuche die verhassten Transportboxen zu verwenden, bei deren Anblick jede normale Katze blitzartig in den Klebebandbunker verschwindet (siehe auch vorheriges Kapitel), wäre es viel einfacher, einen Karton auf- zustellen und die drei Sekunden zu warten, bis die Katze drinsitzt. Deckel zu und los geht's.

# VETERINÄRMEDIZIN FÜR KATZENFREUNDE - WIE VERABREICHE ICH AUGENTROPFEN

Wir hatten es ja bereits angedeutet: So robust, wie sie tun, sind Katzen oft gar nicht. Da bilden auch Bonnie, Mimi, Tobi und Pepe keine Ausnahmen. So ist es angeraten, sich mit der medizinischen Versorgung der Herrschaften selbst zu befassen, um nicht wegen jedem Pups zum Tierarzt laufen zu müssen, der sich sicherlich ein Zweitcabriolet oder dergleichen wünschen mag, das ja aber nun nicht unbedingt und ausgerechnet von uns finanziert bekommen muss.

Daher üben wir heute einmal, wie man einem jungen Kater in seiner Teeny-Phase Augentropfen einträufeln kann.

## Die Vorbereitung

Augentropfen sind flüssig und kalt. Das erschreckt empfindsame Seelen, wenn sie aufs Auge treffen. Daher bringen wir die Tropfen vor ihrem Einsatz auf Körpertemperatur. Aber Vorsicht: Die Mikrowelle ist hierbei NICHT das Mittel der Wahl. Besser ist eine Aufbewahrung des Fläschchens in der Hosentasche, bis sich das darin befindliche Mittel der Körpertemperatur angepasst hat.

## Das Applizieren

Nach fünf Minuten in der Hosentasche sind die Tropfen auf Temperatur und damit eigentlich servierfertig - Zeit also, sich Kater Peppi gefügig zu machen (Kenner der Materie erkennen im letzten Halbsatz bereits die Ironie - „Peppi" und „gefügig" sind zwei Worte, die man nur unter Drogen in einem Satz nennen kann).

Wir locken ihn mit dem Versprechen von Streicheleinheiten, was seine Neugierde und Nähe erhöht. Willig lässt er sich kraulen, er ahnt nichts Unbehagliches. Nun versuchen wir seinen Kopf in Position zu bringen und die zuvor geöffnete Tropfenflasche zum kranken Auge zu führen, um die darin befindliche Medizin sachgerecht zu applizieren.

## Nochmal

Zunächst entfernen wir Peppis Krallen

vorsichtig aus unserem Nagelbett des rechten Daumens. Die hat er darin versenkt, um sich besser nach oben zu hangeln und einen genaueren Blick auf die ihm neue Flasche werfen zu können. Man will ja informiert sein.

Nach kurzer Blutstillung bringen wir den inzwischen etwas abgerückten Peppi wieder in die geeignete Position. Diesmal wird er unterm Arm eingeklemmt und so an sofortiger Flucht gehindert. Theoretisch. Peppi nimmt dies interessiert und neutral- gespannt zur Kenntnis. Wir setzen erneut an, seinen Kopf in die richtige Stellung zu bringen.

### Jetzt aber

Wer hätte gedacht, dass Augentropfen solche Flecken machen können. Kaum löste sich der erste Tropfen aus der sorgsam über dem Auge positionierten Flasche, entschloss sich Peppi spontan zum Abrücken und der Untersuchung der Auslegeware vor der Couch.

Immerhin: Das Polstermöbel ist nun wohl vor einer Bindehautentzündung gut gefeit. Wir nehmen den kleinen Racker wieder hoch, verstärken diesmal etwas den Griff und rücken den Kater erneut in Position. Er scheint das nicht zu mögen, aber da müssen wir jetzt durch.

**Verd ...**

Peppi meint, wir müssten da keineswegs durch. Sein bestes Argument dagegen ist der Kratzer, der nun meinen Handrücken ziert. Die erneute Blutstillung schreitet zügig voran, ebenso wie der kleine Kater, der es sich mittlerweile unter dem Couchtisch bequem gemacht hat.

Mit vereinten Kräften finden wir heraus, wer der Nervenstärkere von uns beiden ist. Peppi gewinnt, indem er sich mit den Krallen fest im Teppich verankert. Ich simuliere Resignation, daraufhin wird Peppi unvorsichtig und lässt den Teppich los. Erwischt.

## Tropf-Tropf

Es gibt kein Entrinnen mehr: Peppi ist erneut fixiert, diesmal gleicht mein Griff dem eines Schraubstocks. Eines plüschigen Schraubstocks. Ich kann das kleine Kerlchen ja nicht einfach zerquetschen. Noch einmal den Kopf in Position, die mittlerweile abgekühlte Tropfenflasche wird ebenfalls in Stellung gebracht.

Wir drücken das Kunststoff-Fläschchen zusammen, es löst sich ein Tropfen ... Volltreffer!

Wenn es Nasentropfen und die Nasenöffnungen von Katzen nach oben gewendet wären.

Nochmal, diesmal aber besser zielen. Und plitsch! Treffer! Und platsch! Peppi schüttelt heftig den Kopf und dekoriert mich mit dem größten Teil der Augentropfen. Ich bin nass, Peppi packt seine 24 Zusatzgelenke aus, befreit sich recht unwirsch und schlüpft aus dem Plüschschraubstock irgendwohin in die Wohnung. Der guckt mich so schnell nicht mal mit dem Hintern an.

Das hat Spaß gemacht. Das machen wir nun eine Woche lang dreimal täglich.

# RÄTSELSPASS FÜR KATZEN-FREUNDE - WATTESTÄBCHEN-MATHEMATIK

Ein wenig Naturwissenschaft hat noch nie geschadet. Darum soll diese kulturelle Errungenschaft auch in diesem Buch nicht zu kurz kommen. Etwas Mathematik hält den Geist wach und kann wirklich sehr anschaulich das Leben beschreiben. So wie etwa diese kleine Textaufgabe.

Unsere Grundannahme: Katze Bonnie liebt Wattestäbchen. Sie spielt gerne mit ihnen und verlangt während ihrer täglichen Wachphase regelmäßig nach Nachschub, sobald das Wattestäbchen zerbissen, unter den Schrank geflutscht oder von einem ihrer Mitbewohner auf vier Beinen gestohlen worden ist.

Hierzu nun folgende Rechenaufgaben:
1   Eine Packung Wattestäbchen zu 300 Stück kostet 79 Cent. Bonnie benötigt im Durchschnitt etwa 10 Minuten, um ein Wattestäbchen abzuarbeiten. Bonnie ist

10 Stunden am Tag wach und in Watte-
stäbchenlaune.
Wie viel kostet es mich, einen Tag lang in
Ruhe zu arbeiten, wenn ich Bonnie mit
der regelmäßigen Wattestäbchen-Abgabe
beschäftigen will?

2  Rechne den gleichen Fall mit der Zusatz-
   annahme, dass jedes 10. Wattestäbchen
   von Kater Peppi vorzeitig entführt wird
   und Bonnies Spieldauer damit auf 2 Minuten sinkt!

3. Etwa jedes dritte Wattestäbchen appor-
   tiert Bonnie, um es von mir im Schnitt 3 x
   geworfen zu bekommen, damit sie hinter-
   herjagen und es wieder bringen kann.
   Dieses Ritual nimmt in etwa 2 Minuten
   meiner Arbeitszeit in Anspruch. Be-
   rechne, wie viele Minuten ich täglich
   durch Wattestäbchen apportieren lassen
   verliere.
   Erleichternde Bedingung: Wir klammern
   die Annahme aus Aufgabe 2 aus und
   rechnen nur den Annahmen der Aufgabe
   1.

Hier die Lösungen zu den Aufgaben:

(1) 60 Stück in 10 Stunden, macht bei 300 Stück für 79 Cent einen Preis von 0,158 bzw. 0,16 Cent/Tag

(2) 64,8 Stück in 10 Stunden = 0,17 Cent/Tag

(3) Zeitaufwand zur Beschäftigung der Katze (ohne Einkauf und Auspacken der Stäbchen) 40 Minuten

# SOZIALLEBEN FÜR KATZENFREUNDE - WIR PFLEGEN FREUNDSCHAFTEN

Auch wenn die Gesellschaft von Katzen noch so angenehm ist: Bisweilen ist der Drang zur eigenen Gattung auch bei Katzensklaven vorhanden, und so gilt es im sozialen Miteinander die Balance zwischen Tierliebe und mitmenschlicher Interaktion zu finden. Im Idealfall ist der Katzensklave clever und trennt diese beiden Bereiche sowohl zeitlich als auch räumlich. Doch nicht immer sind die Umstände danach.

Zudem ist der wahre Katzenfreund stets mit einem ausgeprägten schlechten Gewissen ausgerüstet: Die armen, hilflosen Tierchen über Stunden, ja vielleicht sogar halbe Tage alleine lassen? Das ist eine emotional schwierige Übung, die nicht immer gelingt.

Tatsächlich sind Katzen - zumal wenn sie als Truppe beieinander leben - relativ gleichmütig, wenn ihr Personal einmal nicht unter ihnen weilt. Solange Futtervorräte zugänglich und die

Katzentoiletten gereinigt sind, kann der Sklave ruhig mal ein Weilchen wegbleiben.

Was nicht heißen soll, dass man ihm nach seiner Rückkehr nicht mit vorwurfsvollem Gejammer etwa Gewissensbisse ersparen würde: Meine vier lassen zumindest nach einer mehrstündigen Abwesenheit meinerseits keinen Zweifel daran, dass es sicherlich auch mal Freizeit für Katzensklaven geben muss, aber man solle doch einmal bitte auf die Uhr schauen und sich Gedanken machen, ob das so weiter gehen kann mit dem einfach Wegbleiben.

Um also ein intaktes Sozialleben führen zu können, bedarf es einiger Regeln und Maßnahmen, auf die man unter keinen Umständen verzichten sollte, um nicht im Fegefeuer feliner Vorwürfe gegrillt zu werden. Auch wenn die Vorkehrungen unterm Strich dann doch nichts nützen.

## Wir bleiben über Nacht aus

Wer wie ich mit einer Katzentruppe lebt, die als Gebrauchtkatzen in den Haushalt kamen und die von klein auf nur an die Wohnungshaltung gewöhnt waren, hat ein gewisses Maß an Vorbereitung zu treffen, um den Tierchen die

nächtliche Abwesenheit ihres Personals erträg-
lich zu gestalten.

Idealerweise werden Großmütter oder andere
nahe Verwandte ohne Katzenhaar-Allergie en-
gagiert, um den Herrschaften einen Abend lang
als Ersatzsklave zu dienen, was diese auch meist
ganz spannend finden. Also die Verwandten.
Beim ersten Mal.

Zuvor ausführlich auf Papier verfertigte, lustig formulierte Anleitungen und Psychogramme
zu den einzelnen Herrschaften, die man im Vorfeld des Ereignisses dem Ersatzsklaven zukom-
men lässt, sind ein probates Mittel, das Feuer der
Begeisterung der werdenden Katzensitter am
Lodern zu halten, bis der Einsatzabend erreicht
ist.

Mit halbwegs ruhigem Gewissen übergibt der
Katzensklave Wohnungsschlüssel und letzte
Tipps an den Katzensitter, der bereits von den
vier Herrschaften interessiert inspiziert, aber
noch auf Distanz gehalten wird. Wir verabschieden uns voller Dank fürs Betreuen der Herrschaften und wenden uns den kommenden
Stunden des Frohsinns unter anderen Menschen
zu.

Nur gelegentlich schweifen die Gedanken nach Hause und zu den mutmaßlichen Geschehnissen in den eigenen vier Wänden. Etwa so:

Es ist 23 Uhr - um diese Zeit legt Peppi für gewöhnlich sein „Ei". Wie gut, dass wir in der Anleitung ausführlich und mit Bildern beschrieben haben, welche Knöpfe die Belüftungsanlage in Gang setzen und wo der Raumspray deponiert ist.

So vergehen bunte Stunden, und man vergisst beinahe, dass zuhause eine Vielzahl von Dingen schiefgehen könnte, die man trotz intensiver Vorbereitung (siehe „bebilderter Leitfaden" usw.) gar nicht auf dem Zettel hatte. Hier einige Beispiele, die sich so oder so ähnlich zugetragen haben:

Meine Mutter hatte einmal den Großmut, sich für einen Tag und eine Nacht zu meinen Katzen zu gesellen. Fatalerweise hatte sie sich zur kurzweiligen Gestaltung der Katzensitterzeit ihr Strickzeug mitgebracht - eine durchaus aufwendige und anspruchsvolle Handarbeit. Dummerweise sind sowohl Wollknäuel als auch klappernde Stricknadeln und wackelnde Fäden intensive und unwiderstehliche Schlüsselreize für Katzen - da bilden auch meine keine Ausnahme.

Die aufwendige und anspruchsvolle Strickarbeit war entsprechend bei meiner Wiederkehr Geschichte. Dafür gab es nun ein neues Spielzeug in der Kollektion meiner Herrschaften.

Ebenfalls meine Mutter wurde Opfer einer weiteren Falle, die ich so nicht bedacht hatte. Seinerzeit wurde Katze Schnuffi (der Katzengott habe sie selig) bei ihr einquartiert, um mir einen Urlaub zu ermöglichen.

Der Anruf aus dem fernen Italien (Süd) zur Nachfrage, ob das arme Tierchen denn auch ordentlich sei und sich benehme bejahte meine Mutter begeistert. Schnuffi sei sehr lieb und fresse auch brav. Vor allem den ihr dargebotenen Räucherlachs.

Offenbar hatte die liebe Katze erschnüffelt, dass es weitaus Besseres im mütterlichen Kühlschrank zu holen gab als ihr gewohntes Nassfutter und sich klagend vor dem Kühlgerät aufgebaut, bis ihr Rufen nach der ihr angemessener erscheinenden Nahrung erhört worden war.

Darüber hinaus hatte sie sich den besten Platz auf der Couch erobert und ließ es sich gerne gefallen, dass der mit einer Spezialdecke für sie extra-kuschelig gepolstert worden war. Das Ende vom Lied war übrigens, dass Schnuffi sofort die Flucht ergriff, als ich vom Urlaub zurückkehrte und sie wieder mit nach Hause nehmen wollte. Nur mit Mühe konnte sie unterm Bett hervorgezogen werden. So etwas trifft einen ja dann doch, wenn die eigenen Kinder nicht mehr von der Oma weg wollen ...

## Wir bekommen Besuch

Auch die Begegnung mit anderen Menschen im Beisein der Herrschaften ist immer wieder geprägt von niederschmetternden Momenten. Ganz wie auch bei Menschen, gibt es unter den Katzen unterschiedlichste Charaktere, die einem bisweilen die Schamesröte ins Gesicht treiben können. Aber der Reihe nach:

Ein Besuch von Katzen-Unkundigen in der Wohnung des Katzensklaven erfordert eine gewisse Vorbereitung. So ermahnen wir im Vorfeld die Belegschaft mehrfach, sich ausnahmsweise dieses eine Mal anständig zu benehmen - ein Appell, der eher von der Hoffnung als von der Realität getragen ist. Den oder die Besucher haben wir zuvor informiert, dass Katzenhaarfreundliche Kleidung besser vermieden wird, um die zwar aufgestockten, aber im Zweifel doch machtlosen Fusselroller-Vorräte nicht über Gebühr strapazieren zu müssen.

Schwarze Kunstfasertextilien sind etwa ein gefundenes Fressen für jedes verirrte Katzenhaar, das sich darin festfrisst wie der Rost in einem 1980-er Ford Fiesta. Natürlich wird vor Ankunft des Besuchs alles nur Erdenkliche getan, um die Katzenhaarbelastung so niedrig wie möglich zu halten:

Alle erreichbaren Tiere werden mit der Haarbürste behandelt, um die Flusenflut bereits an ihrer Quelle zu bekämpfen. Das ist natürlich Unfug, denn so schnell wie eine Katze ihr Fell erneuert, kann kein Mensch bürsten.

Die Wohnung wird komplett und akribisch mit dem Staubsauger durchmessen, was leider bei Katzen wiederum das so genannte Stresshaaren auslöst - so wie Eidechsen in Gefahrensituationen ihren Schwanz abwerfen können, so lassen Katzen beim Klang des Staubsaugers ihre Haarwurzeln erschlaffen.

Das hat zur Folge, dass in ihrem Versteck, in das sie sich wegen des Staubsauger-Lärms zurückgezogen haben die Haare gehörig zu rieseln beginnen. Kaum ist man dann mit dem Staubsaugen fertig, begibt sich die Katzenbelegschaft wieder ans Tageslicht und befördert eine erkleckliche Menge neuer loser Haare mit nach draußen.

Man könnte ja nun wieder den Staubsauger hervorholen. Aber so beginnt ein Teufelskreis, ein Rennen ohne Ziel, eine Sysiphos-Arbeit, die man nur gewinnen kann, indem man die Katze schert. Das sieht aber albern aus und hält sowieso nicht ewig vor, also lassen wir das eben.

Kurz vor Erscheinen des Gasts wird noch einmal die Katzenkiste gereinigt - mit dem Ergebnis, dass unmittelbar danach die gesamte feline Belegschaft dort Schlange steht. Eine saubere Katzentoilette steht hoch im Kurs bei meinen Herrschaften, was aber naturgemäß nicht lange vorhält und bisweilen auch sehr unfein riechen kann (siehe Abschnitt 1, Stichwort „Peppis Ei").

Ich reinige die Toiletten mindestens zweimal täglich und habe ansonsten gestählte Geruchsnerven. Meinen Gästen ist das leider nicht vergönnt. Also die gestählten Geruchsnerven. Entsprechend schreite ich schnell noch einmal zur Reinigung, bevor es an der Tür klingelt. Natürlich findet sich aber doch immer noch eine der Miezen, die für solche Fälle noch eine stille Reserve bereitgehalten hat und für den nunmehr erschienenen Gast eine olfaktorische Begrüßung fabriziert.

Sobald es an der Tür schellt, kommt Bewegung in die Bude: Ich versuche zügig an die Tür zu kommen, um den Gast nicht unnötig draußen warten lassen zu müssen. Mir tun es mindestens drei Katzen gleich, die unbedingt sehen wollen, wer da wohl kommen mag. Und das natürlich als Erster - wer später an der Tür eintrifft ist ein Verlierer in den Augen der Herrschaften.

Entsprechend viel Geschick erfordert es, sich den Weg an die Wohnungstür zu bahnen, ohne über kreuz und quer springende Katzen zu stürzen. Ich bin für mein Alter zum Glück noch recht behende und konnte mich daher in der Vergangenheit immer noch durch beherzte Griffe nach Regalen oder Türklinken vor Schlimmerem bewahren.

Kaum ist der Türöffner gedrückt, treffen mich erwartungsvolle Katzenblicke von unten: „Mach endlich die Wohnungstür auf, wir wollen gaffen“, lautet dieser optische Appell im Klartext. Ich öffne also die Tür ein wenig, immer auf einem Bein balancierend und mit dem anderen die gar zu keck nach vorn drängenden Katzen zurückschiebend.

Der Gast biegt im Treppenhaus um die Ecke, hält auf die Wohnungstür zu, man begrüßt sich.

Mit „man" meine ich die menschliche Abteilung dieser Szenerie, meine Katzen sind da vergleichsweise unhöflich: Kaum beugt sich der Gast behutsam vor, um auch Bonnie, Tobi und Pepe zu begrüßen, drehen diese ab und trollen sich erst einmal. Anfassen? Da könnte ja jeder kommen!

Wenn Gast oder Gästin im Besitz einer Fleischerei wären und ein Säcklein mit Kostproben für die Herrschaften dabei hätte, ja, DAS wäre etwas anderes. Aber einfach anfummeln? Ist überhaupt nicht drin.

Freilich siegt dann irgendwann doch die Neugierde, und das zuvor erwähnte Trio robbt sich allmählich an den neuen, noch unbekannten Menschen im Revier heran. Mimi hält sich bei so etwas ja gerne im Hintergrund, womit wir auch schon bei den Psychogrammen wären, welche die Einzelgeschehnisse im Fortgang eines Besuchs wohl am besten beschreiben:

*Typ „Nutte":*

Manche Katzen sind bisweilen unübertroffen beim Vermitteln des Eindrucks bei Fremden, dass sie üblicherweise ohne Abendessen zu Bett gehen müssen und darüber hinaus allabendlich in den Schlaf geprügelt werden. Das schaffen sie vor allem durch extremes Heranwanzen an ihnen völlig Unbekannte, die aber den Eindruck gewinnen dürften „Das arme Kätzchen liebt mich jetzt schon mehr als seinen Dosenöffner. Hier bin ich als Mensch und Tierschützer gefragt". Vor allem Kater Tobi ist in dieser Kategorie ganz vorne mit dabei.

*Typ „Explorer":*

Nicht nur Besucher kann man ganz toll untersuchen, sondern auch von ihnen mitgebrachte Gegenstände. Bei Herren werden sehr gerne unvorsichtig abgelegte Jacken oder Mäntel untersucht, zu Boden geworfen und auf ihre Spieltauglichkeit hin überprüft - etwa indem man in Ärmel hinein krabbelt und ebenfalls untersuchende Mitkatzen aus dieser prächtigen Deckung heraus mit Tatzenhieben eindeckt.

Bei weiblichem Besuch erfreuen sich immer Handtaschen größter Beliebtheit: Ich muss zugeben, dass auch ich als Mann immer wieder von der Vielfalt der denkbaren Inhalte einer Handtasche überrascht bin. Gleichwohl bin ich deutlich diskreter als meine Katzen.

So bin ich zum Beispiel noch nie auf die Idee gekommen, eine Handtasche völlig ungeniert auszuräumen, den Inhalt auf Essbarkeit zu untersuchen und es mir anschließend im Dunkel dieser sonst mit Geldbeuteln, Handys, Tempotaschentüchern und Schminkutensilien gefüllten Schatzhöhle bequem zu machen. Ein Tipp also: Bevor die Gästin den Besuch beendet, sollte die mitgebrachte Handtasche auf darin enthaltene Katzen bzw. fehlende Gegenstände untersucht werden. Erfahrungsgemäß findet man entführte Besitztümer in unmittelbarer Umgebung der geplünderten Tasche, meist sogar noch in brauchbarem Zustand.

Es gab allerdings auch schon den Fall, dass mitgeführtes Obst nur noch abschreckenden Zwecken dienen konnte. So fiel den beiden „Explorern" in meiner Truppe, Bonnie und Pepe, eine Banane zum Opfer, die nach ihrer Entführung aus der Handtasche zu typischen Spielereien missbraucht worden war. Übersät mit Biss- und Kratzspuren und deutlich zermatscht, war dieses Lebensmittel im Anschluss ein klarer Fall für die Biotonne.

*Typ „Guerilla":*

Auch die Katzenwelt kennt ihre gewieften Taktiker: Zu diesen zählt zum Beispiel Katze Mimi, die sich bei anwesenden Fremden in der Regel im Hintergrund hält. Dies jedoch keineswegs aus Desinteresse oder Furcht. Mimi weiß vielmehr um den Umstand, dass bei Besuch immer auch etwas serviert wer- den könnte - seien dies nun interessante Getränke oder anderweitig Verzehrtaugliches.

Während die anderen drei für gehörigen Trubel sorgen (Tobi beim Ranschmeißen an die Gäste, Bonnie und Pepe beim Erforschen) beobachtet Mimi die Szenerie sehr genau aus dem Off und schlägt zu, wenn keiner damit rechnet. So wiegt man sich etwa in Sicherheit, weil die Katzenbelegschaft sich nach dem ersten Ansturm ruhig verhält und zu schlafen scheint. Man verlässt als „Herr des Hauses" (Sie erkennen sicherlich die Ironie, lieber Leser) kurz den Raum und sieht bei seiner Rückkehr einen verunsicherten Gast, der am noch nicht abgeräumten Esstisch sitzt und schüchtern murmelt „Diese Katze da (zeigt auf Mimi) hat eben aus Deinem Bierglas getrunken / Deine Grillwurst verspeist / Dein Brot gestohlen".

Ein Blick in Mimis Augen und die noch leckende Zunge verraten, dass diese Aussage wahr ist, aber leider zu spät kommt. So ist Mimi nicht nur fertig mit Herunterschlucken, sondern auch auf dem Sprung in ihr Versteck. Und wenn man sich nicht völlig blamieren will, sollte man von einer Verfolgung tunlichst absehen: Denn diese Verfolgungsjagd würde eindeutig die Katze gewinnen.

Ein gewisses Schuldbewusstsein kann man einer fluchtbereiten Katze allenfalls durch intensiven Augenkontakt einflößen. Notwendig ist das natürlich nicht, denn Mimi weiß ganz genau, dass sie das eigentlich nicht darf. Aber das gehört eben zum Spiel: „Selber schuld, wenn Du nicht aufpasst", sagen ihre treuen, hellgrünen Augen. Und: „Na gut, ich lasse das künftig. Vielleicht. Nicht."

Natürlich vermitteln wir dem - ob soviel Frechheit völlig konsternierten - Gast das Gefühl, dass es nicht seine Schuld war. In der Tat sollte man sich als Unerfahrener auch nicht mit einer Katze messen wollen, die zu einer Schandtat finster entschlossen ist. Zumindest nicht, wenn man keine guten Reflexe - etwa zum schnellen Hand wegziehen vor einer heranschwirrenden, Krallen-bewehrten Pfote - vorzuweisen hat.

# Wieder alleine

Auch der schönste gesellige Abend hat mal ein Ende. Wir haben nach unserer Abwesenheit den Katzensitter wieder beruhigt sowie mit großem Dank entlassen oder haben dem letzten Gast bei uns nun endlich die Fussel abgerollt und ihn in die Nacht verabschiedet - nun heißt es aufräumen.

Meist hält sich der Flurschaden in Grenzen - ein oder zwei dem Spieltrieb zum Opfer gefallene Klopapierrollen fallen nicht weiter ins Gewicht, Blumentöpfe besitze ich bereits seit längerer Zeit nicht mehr, also muss auch keine Blumenerde in das dafür vorgesehen Gefäß zurückgeschaufelt werden.

Sollten Gäste bei mir zu Besuch gewesen sein, so wurden die verlockendsten Ziele feliner Machenschaften - etwa ein befüllter Esstisch - bereits zuvor und aus Erfahrung leer geräumt, alkoholfreie Getränke fanden bei den Herrschaften kein übermäßiges Interesse. Also ist auch hier recht schnell Ordnung geschaffen.

Was beiden Situationen - Heimkehr des Personals oder aber der Gäste - jedoch gemein ist, das sind die plötzlich noch einmal erwachenden

Lebensgeister der Herrschaften: Zunächst wollen sie noch einmal bitte sehr frisch gefüttert werden, völlig ungeachtet der Uhrzeit und zuvor bereits servierter Mahlzeiten. Essen, das schafft auch bei Katzen ein heimeliges Gefühl. Stress wird am Besten mit einem Happen zu Essen bewältigt, und wenn gerade kein Stress zur Hand ist, gibt es sicherlich auch viele andere schöne Gründe dafür, zur Feier der Minute eine neue Dose aufzumachen.

Sind die Näpfe dann ausreichend studiert worden, wird Sport getrieben: A jagt B und wird dabei von C verfolgt, während D in einem Winkel auf den nächsten Unvorsichtigen lauert, der nahe genug am Versteck vorbeiprescht, um ihm eine Feuern zu können (Bitte die Buchstaben in beliebiger Folge durch die Namen meiner Herrschaften ersetzen - die Rollen sind nicht fest verteilt. Im Zweifel ist der Katzensklave auch schon mal mit der Rolle des Opfers von D betraut). Das kann mitunter eine gute Stunde dauern, bis nun alle Kräfte wieder verballert sind und die Herrschaften sich rechtschaffen müde fühlen, so dass entweder das Bett des Sklaven gestürmt wird (der eigentlich gerade endlich trotz des Lärms der Katzen am Einschlummern war) oder aber Schlafplätze aufgesucht werden, von denen man nie geglaubt hätte, dass sie welche sein könnten.

Etwa das Waschbecken im Badezimmer, die Wäschewanne oder ein tief unterm Bett verborgener Winkel.

Plötzlich herrscht jedenfalls Stille, man ist im Bett von den Vierbeinern wie mit Kletten besetzt, oder aber man sieht und hört nichts mehr von ihnen - selbst wenn man nach ihnen sucht. So kehrt allmählich der Alltag wieder ein, und wir freuen uns bereits auf den nächsten Besuch. Vielleicht sogar einer mit pikanter Natur? Der Austausch von Zärtlichkeiten im Beisein einer Katzentruppe: Das erfordert noch einmal zusätzliche Nervenstärke, wie wir im nächsten Kapitel sehen werden ...

# SOZIALLEBEN FÜR KATZENFREUNDE - WIR HABEN SEX

Wer sich Katzen in sein Leben holt, erlebt mitunter sein Sexualleben auf ganz neue Art. So ist etwa eine gewisse exhibitionistische Ader ein gehöriger Vorteil, wenn man Katzensklave ist und zugleich zuhause mit Partner oder Partnerin gerne körperlich werden möchte. Oder man braucht gut schließende Zimmertüren und gute Nerven.

Grundsätzlich kann man sich zunächst als frisch Verliebter und von der oder dem Angebeteten Besuchten auf ungestörte Minuten auf der Couch einrichten, sobald die spannenden Dinge (siehe vorheriges Kapitel) sicher verstaut oder weggeräumt wurden. Nehmen wir also einmal an, sämtliche Katzen-Attraktionen sind in Sicherheit und Sklave sowie Auserwählte kommen sich räumlich näher. Katzen haben ein feines Gespür für solch zarte Situationen und halten sich dabei meist dezent im Hintergrund. Nicht.

Einer will immer mitschmusen und verkennt die Lage garantiert - was nach einer gewissen Zeitspanne der Belustigung bei Sklave und Partnerin dann doch etwas störend wirkt. Die Idee, sich ob der neu aufkeimenden Geselligkeit der vier Herrschaften ins Schlafzimmer zurückzuziehen wird gemeinhin als prima Gedanke aufgefasst - allerdings nicht nur von der Partnerin. Denn die Kätzchen sind es gewohnt, offene Türen vorzu- finden und ihre Nickerchen auch unter oder auf dem Bett abzuhalten. Die Tagesdecke macht's möglich.

Sonst spricht also kaum etwas dagegen, die kleinen Racker ins Schlafzimmer einzulassen. Doch in diesem besonderen Fall wünscht das Personal sich doch eine gewisse Intimität, also gilt es, die Katzen aus dem Schlafzimmer fernzuhalten, während man das Bett und sich selbst präpariert. Mit etwas Glück gelingt das sogar, denn nicht immer sind Katzen so wieselflink, wie man es ihnen nachsagt. Auch geistig nicht.

Völlig verblüfft sitzt die Belegschaft mit etwas Glück dann vor einer verschlossenen Schlafzimmertür, und das obwohl der Sklave erkennen ließ, dass er zu Bett gehen will. Und wieso ist der mit der Gästin da drin und ohne uns verschwunden? Affront! Skandal! Wir protestieren!

Auf beiden Seiten der Schlafzimmertür brodelt nun die Leidenschaft hoch: Aus Gründen der Diskretion berichten wir nur von der einen Seite - von außen: Könnten Katzen Transparente malen und Megaphone bedienen, so wäre dies nun der Moment, um dies zu tun. Denn die Herrschaften sind äußert ungehalten über ihr Ausgesperrt Sein und schicken die Ingenieure und Handwerker aus den eigenen Reihen an die Front, um dem nach ihrem Dafürhalten unerträglichen Zustand „verschlossene Tür" ein Ende zu bereiten. Beherzte Sprünge von Bonnie in Richtung Türklinke fruchten allerdings nicht - der perfide Katzensklave hat sich und seine Liebste in weiser Voraussicht eingeschlossen. Nun ist Fleißarbeit angesagt: Kater Pepe wird an die Front geschickt, und er hat einen klaren Auftrag erhalten: Tunnel graben!

Glücklicherweise sind sowohl Tür als auch Bodenbelag robust genug ausgelegt, so dass seine krallenbewehrten Tatzen keine nennenswerten Erfolge erkratzen können. Aber die Kratzfrequenz, mit welcher der kleine Pionier zur Tat schreitet, ist beachtlich: Von Innen hören sich seine Grabversuche durch- aus bedrohlich nach Kreissäge an. Doch der kluge Katzensklave weiß, dass nichts passieren kann.

Ein beherzt gerufenes „Ruhe da draußen!" fruchtet freilich nur kurz, unermüdlich nimmt Peppi sein Grabwerk nach kurzem Innehalten wieder auf. Irgendwann ermattet aber auch der tapferste kleine Krallenschwinger und die Herrschaften wechseln zur „ultima ratio", der finalen Waffe, dem letzten aller Mittel: Es werden herzzerreißende Gesänge angestimmt, atonal und laut, so wie es Katzen mögen.

Hier wird auf altbewährtes Liedgut gesetzt, das wohl schon vor gut 9.000 Jahren beim Beginn der Domestikation der Katze bewährtes Mittel war, um auch dem nervenstärksten mesopotamischen Kleinbauern den Schlaf zu rauben. Oder den Beischlaf.

Glücklicherweise befinden sich Sklave und Partnerin aber bereits auf der Zielgeraden und bekommen so kaum noch etwas von dem Spektakel vor der Tür mit, fallen irgendwann ermattet in die Kissen und lassen die Pulsfrequenzen allmählich wieder auf Normalniveau sinken.

Draußen vor der Tür hat sich die Lage hingegen verfestigt: Die Geräuschkulisse macht deutlich, dass nach wie vor sehr unter der Situation gelitten wird und man nun bitte aber doch auch hereinkommen möchte. Man werde auch ganz brav und still sein.

Tatsächlich bahnt sich an dieser Stelle ein Problem an, für das es keine sinnvolle Lösung gibt: Wenn Sklave und Partnerin nach gelungener körperlicher Begegnung das Badezimmer aufsuchen wollen, muss diese Tür aufgehen. Davor aber lauern die Herrschaften. Und sie sind im höchsten Maße motiviert, nicht noch länger draußen bleiben zu müssen.

Irgendwann ergibt man sich also in das Unausweichliche und entriegelt die Schlafzimmertür. Die Blicke, die einen beim Öffnen treffen sind eindeutig. „Sag mal, spinnst Du eigentlich?" gehört hier zu den harmloseren Vorwürfen, die man aus den Augen der Herrschaften ob der Aussperrung herauslesen kann.

Aufgrund der gelungenen vorangegangenen Ereignisse im Schlafzimmer stört man sich als Sklave nur wenig an diesen Beurteilungen, muss aber dennoch seufzen: Natürlich wird das bis eben noch katzenfreie Zimmer nun im Sturm genommen und im Detail inspiziert. Interessante Gerüche gibt es da nun allemal zu entdecken, auch wenn zwecks Belüftung das Fenster auf Kippstellung gebracht worden ist.

Katzen sehen im Grunde reichlich dusselig aus, wenn sie intensiv schnüffeln: Zum besseren Aufnehmen der Geruchsmoleküle wird das

Mäulchen geöffnet, inhaliert und immer wieder sinnierend innegehalten. Das sieht reichlich dumm aus, und so zieht man sich als Sklave mitsamt Partnerin tunlichst ins Badezimmer zurück, um die Herrschaften nicht auch noch durch lautes Auslachen weiter zu vergrämen.

Obwohl das vielleicht gar nicht so verkehrt wäre, wenn man sich nach dem Abwaschen des jüngst erworbenen Leidenschaftsschweißes noch einmal einander widmen möchte. Denn „DIE" sind da nun drin im Schlafzimmer und denken gar nicht daran, sich von Federbett und Kopfkissen wieder zurückzuziehen.

Kritische Geister mögen nun einwerfen, dass es doch Tricks geben müsste, die da Abhilfe und die Katzen wieder aus dem Schlafzimmer heraus schaffen könnten. Die Trickkiste hält natürlich immer Möglichkeiten parat, aber eine Gelingensgarantie gibt es hier leider nicht. Wir kochen schließlich keinen Päckchenpudding, sondern wollen vier Katzen aus einer heimeligen und dazu noch interessant riechenden Umgebung weglocken.

Dennoch hier einige Vorschläge, die vielleicht zum Ziel führen könnten:

- Intensives Rascheln mit der Trocken-
futtertüte wirkt bei meinen Herrschaften bisweilen Wunder - die
Kätzchen fahren auf den Kram total
ab und sie lassen sich damit manchmal auch von den perfidesten Vorha-
ben ablenken. Trockenfutter, das ist
so etwas wie Chips oder Schokolade
für die kleinen Racker, und Platz ist ja
bekanntlich für so etwas auch im
bestgefüllten Katzenmagen immer zu
finden.
Der Erfolg dieses Kniffs ist direkt
mess- bar: Sind die Näpfe gefüllt und
besetzt, freut sich der Mensch und
schleicht sich auf Zehenspitzen zurück ins Schlafzimmer - wo hoffent-
lich bereits die frischgemachte Ge-
fährtin wartet. Wenn sie im Bad
getrödelt hat wird es nun Zeit, sie zu
mehr Tempo anzuhalten, denn lange
hält der Trockenfutter-Effekt leider
nicht an: Nach dem Einnehmen einer
leckeren Mahlzeit möchte eine Katze
gemütlich ruhen und wird daher
schnell wieder den Weg zu- rück aufs
oder ins Bett suchen.

- Kurzweil verspricht den Herrschaften auch immer wieder außergewöhnliches Spielzeug (siehe Kapitel „Logistik für Katzenfreunde"). Allerdings erfordert diese Ablenkung ein gerüttelt Maß an Vorbereitung, also etwa die Bereithaltung eines bespielbaren Kartons, der nun zur rechten Zeit zugänglich gemacht wird. Allerdings ist die Erfolgsquote schwierig zu kalkulieren: Wenn die lieben Kätzchen gerade keine Lust haben, mit Kartons zu spielen, steht man vor seiner Liebsten mit so einem Karton da wie ein Vollpfosten.

- Wir sperren die Katzen einfach im Schlafzimmer ein und verlegen die intimen Aktivitäten auf die Couch. Das macht man in der Regel aber nur einmal, wenn man nicht gewillt ist, hinterher die zerrupfte Bettwäsche zu wechseln oder aber die gleiche Jammerrunde wie zuvor zu durchleben. Katzen sind da sehr ausdauernd, vor allem wenn sie eingesperrt werden.

Grundsätzlich sollte man bei allen genannten Taktiken unbedingt den Überblick über das Timing und die Anzahl der aus dem Schlafzimmer gelockten oder dort eingesperrten Katzen behalten: Fehlt auch nur eine, ist das Projekt unter dem Code-Namen „Noch einmal mit Gefühl" gescheitert.

Oft verbergen sich nicht zu Fütterung oder Kartonzerlegung angetretenen Katzen unter dem Bett, und wer das nicht bemerkt, bekommt plötzlich eigenartige Eindrücke während des Auftakts zur neuerlichen körperlichen Begegnung mit der Partnerin: Kühle Näschen schnüffeln plötzlich im Dunkel an freigelegten Körperteilen wie Fußsohlen oder Hintern, man fühlt sich allgemein so komisch beobachtet oder es steht schlicht eine Katze innen an der Tür und möchte ob der turbulenten Situation nun doch bitte hinausgelassen werden.
Kommt man dem miauten Flehen dieses Versprengten nach und öffnet nun doch die Tür, kann man darauf wetten, dass draußen die anderen drei sitzen, die nun entweder fertig gespeist oder gespielt haben, sofort wieder lustig ins Zimmer purzeln und dort herumtollen, während die Jammerbacke von eben sich davon macht.

## Das Fazit

Wer körperliche Nähe ausleben möchte, sollte auf Zack sein und sich trotz eines erfolgreich vollzogenen ersten Akts niemals in trügerischer Sicherheit wiegen. Oder für so etwas einfach auf andere Orte wie Hotels oder katzenfreie Wohnungen ausweichen.

# LOGISTIK FÜR KATZENFREUNDE - WIR ZIEHEN UM

Das Leben ist ein einziger Strom von Ereignissen und Wendepunkten. So kann es auch durchaus einmal vorkommen, dass ein Katzenhaushalt von Ort A nach Ort B verlegt werden muss. Das birgt bisweilen ungeahnte Probleme: Denn auch wenn man wortreich versucht, den felinen Mitbewohnern die Situation zu erläutern, die zum Umzug führt, fehlt auf dieser Seite des Haushalts jegliches Verständnis für die daraus resultierenden Arbeiten. Doch lesen Sie selbst.

## Die Wohnungssuche

Vor dem Umzug muss man sich natürlich erst einmal eine neue Bleibe am ins Auge gefassten Standort suchen. Das birgt schon Monate vor dem eigentlichen Ereignis viel Kurzweil: Horrende Mieten, albern geschnittene Zimmer, dreiste Makler und viele andere Details sorgen dafür, dass die zuvor per Zeitung und Internet erspähte breite Auswahl an Optionen schnell auf ein Minimum zusammenschmilzt. Am Ende des ersten Auswahlprozesses bleiben dann meist höchstens drei sinnvolle Immobilien übrig, und man tritt in nähere Verhandlungen mit deren Eigentümern, um einen Besichtigungstermin zu ergattern.

Wohl dem, der während dieser ersten persönlichen Begegnung dann mit viel diplomatischem Geschick für sich zu werben versteht: Geregeltes Einkommen, keine lauten Hobbys, man will quasi den Rest des Lebens in dieser Wohnung verbringen... „gerne auch mit Haustier". Wer diesen Halbsatz geschickt eingebaut hat und im Gesicht des potenziellen Vermieters noch keine schmerzhaften Zuckungen festgestellt hat, ist nach wie vor auf der Gewinnerstraße. Stellt der Wohnungseigentümer hingegen nun intensive Fragen zur Art des Haustiers, wird es brenzlig - jetzt nur nicht die Stimmung verderben! Antworten Sie deshalb unbedingt wahrheitsgemäß, aber nicht zu detailliert - es sein denn, Sie sehen Chancen, Sympathiepunkte zu sammeln.

Bei meinem letzten Umzug geriet ich beispielsweise an einen Vermieter, der wissen wollte, um was für Haustiere es sich denn in meinem Fall handeln würde. Ich sprach kurz und knapp von „Katzen!". Die Mengenangabe

„Vier“ wollte ich dann doch nicht ohne Not preisgeben.

Und tatsächlich wurde ich auch nicht weiter nach deren Anzahl befragt, vielmehr legte ich gleich nach und berichtete von deren friedlichen und ausschließlichen Aufenthalt in der Wohnung und auf der Terrasse, von der langjährigen Unversehrtheit von Wänden, Böden und Möbeln (ein Hoch auf den Kratzbaum!) sowie von der sprichwörtlichen Sauberkeit von Katzen.

Dass Sprichwörter oft nichts taugen, das ist meines Erachtens eine Frage der Lebenserfahrung. Insofern ist es legitim, wenn wir dem Vermieter bei solchen Hinweisen stillschweigend unterstellen, dass er selbst darüber im Bilde ist, was für Ferkel Katzen sein können.

Ist das Thema Haustiere in dieser Form aktiv abgehandelt worden (Merke: Wer darüber vermeintlich erschöpfend Auskunft gibt, erstickt unangenehme Nachfragen durch den eigenen Redeschwall bereits im Keim), so hat man gute Chancen, auf die Zielgerade in Richtung Mietvertrag einzubiegen.

Hat man es hingegen mit einem harten Hund zu tun, der unablässig weiter bohrt, so stellen wir uns diesem Phänomen willig - mehr als Nein sagen kann auch dieser Vermieter nicht.

Dennoch setzt der weitere Fortgang des Gesprächs Grenzen für das einfließen Lassen eigener Wünsche. So sollte man mit Ideen wie „Ui, hier muss für die Kätzchen unbedingt ein Katzenzaun ans Balkongeländer!" vorsichtig sein: Sie lassen vor dem inneren Vermieterauge die falschen Bilder entstehen, die sehr viel mit Stacheldraht-bewehrten Zaunanlagen an Hochsicherheitsgefängnissen zu tun haben.

Lassen Sie solche Assoziationen gar nicht erst aufkommen, sondern sprechen Sie besser von „dezenten, kaum sichtbaren Sicherungsmaßnahmen, um zu vermeiden, dass die Mitbewohner im Haus vielleicht doch einmal eine Katze zu Gesicht bekommen." Weniger optimal ist es auch, laut denkend monströs große Kratzbäume und andere Kletteranlagen (siehe „Wir Heimwerken") im Raum zu verteilen. Wir wollen schließlich vermeiden, dass sich beim potenziellen Vermieter der Eindruck einschleicht, dass er besser mit den Katzen als mit deren Personal verhandeln sollte.

### Wir packen

Heissa! Wir hatten Glück und halten nun einen funkelnagelneuen Mietvertrag in Händen.

Der Umzugstermin rückt näher, und es wird Zeit, die Habseligkeiten von Katzen und Personal in geeignete Behältnisse zu verstauen, um sie besser transportierbar zu machen. Sie ahnen natürlich schon, was das im Ablauf bedeutet:

- Umzugskarton entfalten und abstellen
- Zu verstauendes Umzugsgut ergreifen
- Umzugsgut wieder ablegen und die erste Katze aus der Umzugskiste entnehmen
- Erneut das Umzugsgut ergreifen und wieder ablegen
- Die nächste Katze aus der Kiste entnehmen.

Dieses Spielchen wird sich im Laufe der Packaktionen noch etwa eintausend Mal wiederholen. Die Lernresistenz (nicht etwa die Lernunfähigkeit - wenn sie wollen, können sie schon. Nur wollen sie nicht oft) von Katzen im Kontext mit Kartons ist erstaunlich groß. Die Lage in Sachen „Kisten packen" wird erst dann etwas besser, wenn sich so viele Kartons angesammelt haben, dass man sie aufeinander stapeln kann: Katzen lieben diese Pappkistengebirge und klettern darin herum, verschanzen sich in dunklen Klüften und balgen sich nur zu gerne um die besten Plätze - die sind natürlich ganz oben auf dem Stapel, also seien Sie sich dessen bewusst und vermeiden Sie zu wacklige Umzugskarton-stürme. Sonst stürzen diese um und deren Inhalt geht im schlimmsten Fall zu Bruch. Im günstigs-ten Fall müssen Sie das alles nur wieder einräu-men.

Übrigens überstehen Katzen solche Turmein-stürze unbeschadet. Immer. Sie merken sofort, wenn die Statik nachlässt und flüchten rechtzei-tig.

## Katzen und der Umzugstag

Der große Tag ist da - heute sollen Kisten und Möbel geschleppt und in Lastzug-Kolonnen ver-laden, am neuen Wohnort aufgebaut und einge-räumt werden. Hand hoch, wer in diesem Kon-text eine Katze vor oder zwischen den Füßen gebrauchen kann: Genau - niemand.

Deshalb gilt es bereits im Vorfeld, eine ver-trägliche Lösung zu finden, was die kleinen Mit-bewohner während des Umzugs-tags so ma-chen. Probate Lösungen sind aus meiner Erfahrung heraus diese:

- Schicken Sie die Katzen zu einer ihnen bereits bekannten Urlaubsstätte. Dort kann ein noch nicht bereits im Einsatz ausgebrannter Katzensitter die lieben Kleinen den Tag über verwöhnen, während sie sich vor Ort nicht erst groß akklimatisieren müssen, sondern die Hütte in gewohnter Manier auseinandernehmen können.

- Seien Sie für einen Tag kaltherzig und sperren sie die Mitbewohner in ein bereits geleertes Zimmer - natürlich mit ausreichendem Futtervorrat und einer sauberen Katzenkiste. Die Erfahrung lehrt, dass die Miezen das schon deshalb gut aushalten, weil es jenseits der Tür jede Menge Geräusche zu erlauschen gibt und man ja immer noch aus dem Fenster glotzen kann, wenn das Lauschen langweilig werden sollte. Besonders spannend ist, wenn die Miezen vom Fenster aus beobachten können, wie ihre Möbel (ALLE Möbel in der Wohnung gehören natürlich den Katzen) aus dem Haus getragen und im Lastwagen verstaut werden. Lange Hälse und kugelrunde Augen sind garantiert.

Zur Not kann man die Miezen natürlich auch in eine Tierpension geben. Mein Zutrauen zu solchen Maßnahmen hält sich jedoch in Grenzen. Nicht vertraute Umgebungen sind nicht der Katze Lieblingswelt.

### Die Katzen ziehen selbst um

Wie eben schon erwähnt, ist die Fremde nicht der Sehnsuchtsort einer Katze, und, wie wir bereits im Kapitel zum Thema Tierarztbesuch erfahren haben: Auch das Reisen ist nicht ihr Nummer-eins-Vergnügen. Stellen Sie sich nun einfach mal Folgendes vor: Sie sind vom Möbelschleppen und Herumlaufen während des Umzugstags rechtschaffen erschöpft, müssen nun auch noch die entweder ausquartierten oder im Einzelzimmer eingesperrten Katzen von A (alter Wohnort) nach B (neuer Wohnort) schaffen. Entsprechend der Anzahl ihrer felinen Mitbewohner kann das zu einer echten Prüfung werden.

Beginnend mit dem Umstand, dass nun auch die Katzen erst einmal transportsicher verpackt werden müssen (siehe nochmals das Tierarzt-Kapitel), gerät eine Autofahrt mit voller Belegschaft im Auto zu einer Nervenprobe erster Güte.

Ich hatte zum Beispiel das Vergnügen, am Ende meines Umzugstags die komplette Viererbande über rund eineinhalb Stunden Fahrstrecke zu erleben. Bonnie auf dem Beifahrersitz griff zum Beispiel regelmäßig und beherzt per Krallen nach meinem Schaltarm und machte so das Fahren zu einem wahren Abenteuer mit Verletzungsrisiko - stets begleitet von ihrem laute Gejammer, dass man jetzt bitte wieder nach Hause möchte. JETZT. Von der Rückbank klang es entsprechend laut und fast schon choral abgestimmt:

Im gleichmäßigen Wechsel riefen Tobi, Mimi und Pepe lauthals um Hilfe. Stellen Sie sich einfach vor, sie fahren mit einem ihrer Lieblinge zum Tierarzt, multiplizieren Sie das mit der Anzahl Ihrer kätzischen Mitbewohner sowie der erhöhten Fahrzeit und vergessen Sie diese Rechnung gleich wieder - es ist schlimmer. Schließlich sind Sie zuvor beim Umzugsgeschehen schon gefühlt einen Halbmarathon gelaufen. In Bergstiefeln und Weltrekordzeit. Entsprechend sollten Sie sich für den weiteren Rest des

Tages eigentlich auch wirklich nichts mehr vornehmen. Tja.

In der neuen Wohnung angekommen, ist dann erst noch einmal voller Einsatz für die Katzenpsyche gefragt: Bereitgestelltes Futter (wir erinnern uns: Ein Happen Essen beruhigt) wird desinteressiert zur Kenntnis genommen, zuerst müssen die Miezen die neue Umgebung erkunden. Die Vorgehensweisen sind dabei höchst verschieden: Die eine Katze erkennt „ihr" Bett wieder und versteckt sich erst einmal darunter. Andere, stärkere Charaktere erforschen hingegen die Räume und Möbel, müssen viel herumschnüffeln und sind - erkennbar am aufgeplusterten Schwanz - schrecklich aufgeregt.

Wichtig: Halten Sie die Katzentoilette schon jetzt griffbereit, auch wenn vielleicht während der Fahrt schon die eine oder andere Transportbox innen befeuchtet worden ist. Katzen sind gelegentlich wie kleine Kinder: Wenn die Aufregung sich löst, müssen sie pinkeln.

Tun Sie sich nun selbst den Gefallen, schnappen Sie sich ein Getränk Ihrer Wahl, setzen Sie sich in Ruhe dazu und beobachten Sie, wie Ihre Kätzchen im neuen Zuhause ankommen. Die Miezen werden nach der ersten Inspektion oder nach der ersten Versteckrunde gerne mal bei Ihnen vorbeischauen und sich die Bestätigung abholen wollen, dass alles in Ordnung ist. Und tatsächlich kein Tierarzt mit einer Spritze im anderen Zimmer lauert.

Es wird erfahrungsgemäße dann keine Woche dauern, bis die Miezen tatsächlich auch mit ihrer Seele im neuen Zuhause angekommen sein werden: Schlafplätze wurden erkundet und nach einigem Hin und Her namentlich verteilt, die neuen Klebebandbunker eingeweiht und überhaupt: Die noch nicht ausgepackten Umzugskisten sind natürlich auch eine famose Sache, mit der man sich über Wochen hin beschäftigten kann.

Unterm Strich ist ein Umzug für Katzen also kein wirkliches Trauma. Solange man ihnen vermittelt, dass sie trotz neuem Ort keineswegs auf Komfort und Machtausübung verzichten müssen.

# ABSCHIED NEHMEN FÜR KATZENFREUNDE - MACH'S GUT, KLEINE MIMI.

Seien wir ehrlich: Als Katze war Mimi nie wirklich gut. Wie oft musste ich sie vor dem Absturz aus dem Kratzbaum retten, ihr den kleinen Hintern halten, während sie mit den Hinterbeinen in der leeren Luft herum ruderte und die Krallen der Vorderpfoten ins Sisal des Stamms gehakt waren ... Miauen war auch nicht so recht drin bei Mimi: Sie gurrte eher wie ein Täubchen. Ab und zu produzierte sie mit piepsigem Stimmchen auch mal ein „Miii!" - so leise, dass man genau hinhören musste, man sich dann fragte, wo sie wohl zur Katzengrundschule gegangen sein mag und warum man ihr das Miauen dort nie ordentlich beigebracht hat.

Mimi glaubte eigentlich nicht an Kratzbäume: Zum Klettern waren sie ab und zu recht. Aber Krallen wetzen? Da nahm sie doch lieber einen Weidenkatzenkorb, die hölzerne Werkzeugbox im Flur oder auch mal ein wenig das Sofa. Nur ein bisschen, damit es nicht so auffällt. Sie stahl mit großer Hingabe Stifte vom Schreibtisch, attackierte USB-Kabel und kaute auf deren blechernen Enden herum.

Nein, eine brave Katze macht so etwas nicht.

Aber Mimi war ohnehin ein Wesen mit zwei Gesichtern. Wenn man hinschaute, markierte sie das harmlose, furchtsame Kätzchen. Doch wenn sie sich unbeobachtet fühlte, legte sie los: Als ich einmal aus meinem Heimbürofenster den Blick auf die Straße schweifen ließ, sah ich einen stattlichen, schwarzweißen Fremdkater aus der Nachbarschaft im Galopp vorbeiflitzen und ich dachte noch so bei mir „Ach wie goldig, der hat Spaß und flitzt herum".

Einen Sekundenbruchteil später sah ich den Grund für seinen Sprint: Mimi war ihm auf den Fersen. Das war nicht das schüchterne, ängstliche Wesen, das ich eigentlich kannte. Wo sie diese gelegentliche Portion Mut her hatte? Keiner weiß das so genau.

Auch hatte sie immer ein bisschen struppiges Fell. Sie putzte sich zwar gerne, aber nicht sehr erfolgreich. Sie bürstete sich nämlich dabei immer die Haare auf der Stirn nach vorne und guckte dadurch dann recht grimmig aus ihren riesigen, wunderschönen grünen Augen.

Hochnehmen lassen? Mochte sie nicht. Kaum hoben ihre Füße ab, fing sie an zu zappeln wie ein Fisch auf dem Trockenen, brummte bisweilen auch mal ärgerlich. Sie konnte immerhin Eindruck damit schinden, wenn auch nicht bei mir: Ich wusste bald, dass sie zwar brummt, aber nicht beißt oder kratzt.

Ich hätte sie fast „Ozelotte" getauft, wegen ihres gepunkteten Fells, wegen ihres strengen Blicks (falsch gebürstetes Stirnhaar) und wegen ihrer Brummelei. Aber für eine Kleinausgabe eines Ozelots war sie dann doch zu ängstlich: Mimi hatte stets Bedenken. Sie zuckte sehr oft nervös mit dem Schwanz, auch wenn man sie nur streicheln wollte. Ein wenig unheimlich war sie ihr immer, diese Welt. Ihre Reaktionen auf alles Mögliche waren dann oft auch etwas kopflos.

So wohl auch an diesem 18. Februar 2013, als sie starb. Es ging ganz schnell: Mimi strolchte auf der Straße oben am Haus herum, als ein Auto den Berg herab kam. Die Straße war gesäumt von bis zu einem Meter hohen Schneehaufen – und kein Durchschlupf durch diese Barrikade möglich. Mimi suchte ihr Heil in der Flucht, doch scheiterte sie an beiden Straßenseiten an den Schneehaufen - zu hoch für eine Katze, die in Panik ist.

Dabei hätte es genügt, einfach an der Seite sitzen zu bleiben. Doch kurz bevor das Auto an ihr vorbeifuhr, sprang sie aus lauter Angst wieder los - keine Chance für die vorsichtige Fahrerin, noch rechtzeitig zu bremsen. Keine Chance für Mimi, das zu überleben.

Nein, als Katze war Mimi wirklich nicht besonders gut. Sie war für diese Welt nicht so recht geschaffen - immer ein wenig zu nervös, oft ein wenig zu ungeschickt.

Aber sie war unübertroffen im Mimi-Sein. Und nur das zählt am Ende. Es wird keine Zweite wie sie mehr geben. Keine, die so herzerweichend „Miii!" sagen kann. Keine, die so zögerlich und vorsichtig war und doch irgendwann nach langer Zeit gelernt hat, zu schmusen und auch mal auf den Schoß gekrabbelt zu kommen, um sich streicheln zu lassen und zusammengerollt auf meinen Beinen einzuschlafen, zufrieden und glücklich schnurrend. Keine, die eigentlich den ganzen Tag um mich und nah bei mir war, ohne doch zu nahe zu kommen: Auf der Couch links neben mir auf der Decke schlafend, am Schreibtisch neben mir auf dem Fensterbrett über der Heizung schlummernd, im Bett neben mir angekuschelt schnarchend. Keine, die sich so leicht- furchtsam und dann doch genießend sich das weiße Sahnelätzchenkinn krabbeln lässt. Keine Mimi mehr.

Leb wohl, kleine Mimi. Und grüß mir die anderen: Schnuffi, die das Leben am liebsten schlafend genoss, die auch irgendwann mehrstündige Autobahnfahrten stoisch gelassen ertrug und dieses eine Mal in heller Aufregung war, als es ihr doch einmal gelang, einen Vogel zu schnappen. Außer ein paar Federn hat der aber nichts lassen müssen.

Oder Motz, der ständig etwas zu meckern hatte und gerne im Ficus Benjamini turnte, aber doch ein Kampfschmuser war. Miez, die im Tierheim alle Beine und ihren Bauch kahl geleckt hatte vor Kummer und trotz Herzfehler noch so viele Jahre glücklich in der Sonne herum kullerte.

Felix, der nicht schnurren konnte, mir beim Schmusen aber trotzdem am liebsten zwischen die Rippen gekrabbelt wäre ... Pepe, der trotz aller Vorsicht doch noch von einem Auto erwischt wurde - und keiner weiß, ob es nicht doch Absicht des unbekannten Fahrers war: Schwarze Katzen bringen ja bekanntlich Unglück.

Und auch Du, kleine Pummelfee Marie, die Du bei mir nur zweieinhalb Jahre das Leben so richtig genießen konntest, als Du nach elf Jahren aus einer Einzimmerwohnung mit drei anderen Katzen und vier Hunden vom Tierschutz befreit wurdest. Dein Bäuchlein war durch falsche Ernährung schon damals viel zu rund und Dein Herz schon viel zu schwach.

Ihr wart alle mal mehr, mal weniger lange auf dieser Welt. Aber alle immer viel zu kurz. Es waren schöne Jahre. Es waren auch Zeiten mit Sorgen dabei. Aber die haben sich gelohnt.

Ihr fehlt mir alle. Immer wieder. Und doch möchte ich nicht eine(n) von Euch im Leben versäumt haben. Selbst wenn der Abschied jedes Mal so ist, als würde man ein bisschen mit Euch sterben.